Le cahier Zéro déchet pour les nuls

Le cahier Zéro déchet pour les Nuls

ISBN : 978-2-412-03722-5
Dépôt légal : juin 2018
Imprimé en France

Édition : Mathilde Poncet
Mise en page : Ma petite FaB – Laurent Grolleau
Correction : Anne-Lise Martin
Illustrations : Marygribouille

Éditions First, un département d'Édi8
12, avenue d'Italie
75013 Paris – France

Tél. : 01 44 16 09 00
Fax : 01 44 16 09 01

E-mail : firstinfo@efirst.com
Internet : www.pourlesnuls.fr

Le cahier Zéro déchet pour les nuls

Louise Salvati
Auteure du blog zéro déchet Luizzati
Conférencière, animatrice d'ateliers et de coaching
Cofondatrice de CoZie

Illustrations de Marygribouille

FIRST
ÉDITIONS

Sommaire

Tu sais que je t'aime et que
je vais prendre soin de toi !

INTRODUCTION

À propos de ce livre

Nos poubelles débordent et ça commence à peser lourd sur notre belle planète. Malgré la crise économique de 2008, nous n'avons jamais autant surconsommé et gaspillé que ces 10 dernières années et la consommation à outrance est devenue courante dans notre vie quotidienne.

Résultat en 2017, le 2 août précisément, l'humanité avait consommé l'ensemble des ressources que la planète est capable de régénérer en 1 an. Et plus nous avançons dans les années, plus la date recule...

Pas jojo toutes ces informations anxiogènes et démoralisantes, et pourtant c'est bien une problématique mondiale à laquelle nous devons faire face.

À ce jour, ce sont le BTP et l'industrie publique qui génèrent le plus de déchets et consomment le plus de matières premières. Viennent ensuite les déchets liés aux ménages. Vos déchets.

Alors, quand vient le moment de trouver des solutions pour agir à son niveau et réduire son impact environnemental, on peut être un peu perdu(e)... Qu'est-ce que je peux bien faire pour agir ? Couper l'eau quand je me brosse les dents ? Ne plus laisser mes appareils en veille ?

Et si je vous proposais une solution qui vous permettra d'agir concrètement aussi bien sur la planète que sur votre vie personnelle ?

Et c'est là que le ZÉRO DÉCHET entre en scène !

Réduire vos déchets dans tous les domaines de votre vie et adopter des habitudes durables, tout en gagnant en qualité de vie : voilà ce qui vous attend avec le mode de vie zéro déchet. Moins de poubelles, plus d'économies, plus de temps et une meilleure santé... et j'en passe !

Donc, installez-vous confortablement, prenez le temps de découvrir ce livre et tout ce dont nous allons parler ensemble. Nous ne sommes pas là pour faire la course ! Chacun à son rythme et selon sa vie, nous allons ensemble découvrir quelle va être votre nouvelle routine de vie zéro déchet qui vous rendra heureux(se) et vous permettra d'agir positivement sur la planète !

Les icônes utilisées dans ce livre

À retenir

Cette icône vous donne des informations complémentaires pour une meilleure compréhension du mode de vie zéro déchet.

Conseil

Cette icône indique un conseil, une astuce, pour vous aider dans votre démarche.

Attention

Assurez-vous de lire le texte placé près de cette icône ; cela pourrait vous éviter certaines erreurs ou vous mettre en garde sur certains points importants.

Bon plan

Cette icône indique les bons plans, les bons produits et les bonnes adresses.

REMERCIEMENTS DE L'AUTEUR

Merci à la surconsommation et aux magasins de *fast-fashion* de m'avoir tellement poussée à bout que j'ai changé radicalement de vie et que j'ai adopté le zéro déchet !

Merci à mon extraordinaire mari qui m'a suivie depuis le début dans ce nouveau mode de vie et qui me soutient dans tous mes projets. Même quand il est question de faire des recettes foireuses de DIY !

Merci à tous les lecteurs de mon blog, à tous mes abonné(e)s sur les réseaux sociaux et à toutes les personnes que je rencontre lors de mes coachings et interventions. Vous êtes tout simplement géniaux et je vous félicite d'avoir la motivation et l'envie de faire changer les choses.

Merci à celle qui m'a poussée à écrire mon blog et à tous ceux qui m'ont soutenue dans l'écriture de ce livre, la création de ma marque de cosmétiques et mon changement de vie. Vous êtes mes étincelles !

Merci à mes parents de m'avoir ouvert l'esprit sur le monde et de m'avoir permis de voir que la vie n'offrait pas qu'un seul chemin. Merci de m'avoir expliqué depuis toujours qu'il fallait trier mes déchets et manger bio !

Enfin merci aux Éditions First de m'avoir proposé l'écriture de ce Cahier coach (j'avais tellement de choses à partager !) et merci à vous tous, mes lecteurs et lectrices. En espérant avoir pu vous guider et vous aider dans votre choix de passer à un mode de vie zéro déchet !

Consommons MIEUX !
STOP
ZÉRO DÉCHET
STOP au gaspillage !
J'AIME ma planète

Partie 1

Le zéro déchet : une mode ou une nécessité ?

Dans cette partie :

- Qu'est-ce que le zéro déchet ?
- Pourquoi faut-il agir ?
- Tordons le cou aux idées reçues !
- Que vais-je en retirer comme bénéfices ?

« C'est dans les utopies d'aujourd'hui que sont les solutions de demain. »

Pierre Rabhi

Avertissement : pas de stress, on est là pour apprendre ensemble pas à pas à réduire ses déchets dans une ambiance positive ; pas de course, chacun à son rythme et avec le sourire !

QU'EST-CE QUE LE « ZÉRO DÉCHET » ?

À retenir

Le terme zéro déchet a été surtout popularisé dans les années 80 par la mairie de San Francisco qui souhaitait mettre en place une politique de réduction des déchets dans la ville.

« Zéro déchet » signifie réduire sa production de déchets destinés à l'enfouissement ou à l'incinération et qui ne pourront donc pas être valorisés. « Zéro déchet » veut dire aussi zéro gaspillage. Le zéro déchet privilégie une économie circulaire, formant ainsi une boucle vertueuse.

C'est également adopter une vie plus saine afin de préserver la nature qui nous entoure et notre santé. En gros, c'est surtout faire preuve de bon sens !

Pas de panique, le zéro déchet n'existe pas réellement, car il est impossible d'atteindre le « zéro » ! Nous aurons toujours un impact environnemental sur ce qui nous entoure. Il s'agit plus d'un but à se fixer, un terme utopique très motivant à garder en tête.

Les grands principes du zéro déchet

Chacun peut moduler la démarche zéro déchet comme bon lui semble dans sa vie. Nous avons tous des quotidiens très différents ! Il n'y a pas de règles fondamentales, plutôt de grands principes à intégrer.

À retenir

Dans un premier temps, le zéro déchet, c'est privilégier la réutilisation, le sans emballage à usage unique, le durable, la seconde main, la location ; c'est refuser l'inutile, c'est réduire ses possessions et sa consommation, c'est réparer au lieu de changer ou jeter, c'est donner une seconde vie à certains objets.

C'est également composter les déchets organiques, qui peuvent représenter jusqu'à 50 % du volume d'une poubelle d'ordures ménagères.

Le terme zéro déchet renvoie surtout à une préservation des ressources en amont et une réduction du gaspillage au maximum et à tous les niveaux.

Dans un second temps, si toutes les options durables ont été envisagées, le zéro déchet, c'est préférer les matières recyclables aux matières jetables. En effet, le recyclage n'est pas l'option numéro 1, car les matières à recycler ne pourront l'être qu'entre 1 et 5 fois (quand c'est fait correctement et que tout a bien été trié au préalable...), avant de finir au bout du compte par être incinérées ou enfouies. En plus, les centrales de recyclage demandent énormément d'énergie (eau, électricité...) pour fonctionner.

Et enfin, dans un troisième temps, si aucune option zéro déchet n'est possible au moment voulu, c'est ne pas culpabiliser de n'avoir pas pu être au top sur ce coup-là et se dire qu'on a fait le maximum possible !

Eh oui, pas la peine de se mettre la rate au court-bouillon et de se frustrer ; tenter de faire de son mieux à son rythme, c'est déjà avoir une action positive sur la planète.

J'identifie quelques situations

Quels achats récents j'aurais pu faire en seconde main ?

Quels aliments du quotidien je pense pouvoir remplacer par la même chose en vrac ?

Qu'est-ce que j'aurais pu réparer au lieu de jeter ou de changer ?

De mémoire, sur les 3 derniers jours, qu'ai-je produit comme déchets organiques (épluchures, écorces, restes alimentaires, coquilles d'œufs...) ?

Quelles sont les 5 dernières choses que j'ai louées ?

À vous de jouer : zéro déchet ou pas zéro déchet ?

Maintenant que vous avez compris les grands principes du zéro déchet, testez votre niveau sur des cas pratiques de la vie de tous les jours. N'hésitez pas à revenir sur ce test à la fin de votre lecture pour voir à quel point vous avez évolué !

Cochez les cases qui correspondent à des situations zéro déchet :

- ☐ Refuser les sacs plastique à la caisse d'un magasin.
- ☐ Faire le *Black Friday*.
- ☐ Acheter un concombre sous film plastique.
- ☐ Utiliser un mouchoir en tissu.
- ☐ Se laver au savon.
- ☐ Prendre sa voiture pour faire 500 mètres.
- ☐ Faire son déodorant.
- ☐ Acheter un objet sur un coup de tête.
- ☐ Boire de l'eau en bouteille plastique.
- ☐ Suivre la mode et changer de garde-robe à chaque saison.
- ☐ Privilégier l'économie locale.
- ☐ Manger des tomates en hiver.
- ☐ Faire ses courses au marché des producteurs.
- ☐ Cuisiner les restes alimentaires.
- ☐ Louer un appareil à raclette.
- ☐ Ne pas recycler.
- ☐ Laver sa maison à l'eau de Javel.
- ☐ Refuser les pailles en plastique au restaurant.
- ☐ Acheter du riz en vrac.
- ☐ Utiliser des capsules de café.
- ☐ Acheter en grande quantité.
- ☐ Manger au fast-food.
- ☐ Faire une liste de courses.
- ☐ Acheter des vêtements sur Vinted.
- ☐ Refuser un prospectus dans la rue.
- ☐ Manger de la viande rouge à chaque repas.
- ☐ Aller à la bibliothèque.
- ☐ Privilégier le plastique.

POURQUOI FAUT-IL AGIR ?

Bon là, ça va être un peu la partie anxiogène, désolée ! Mais il faut bien rappeler les faits pas jojo qui montrent que passer à l'action est nécessaire.

À retenir

En France, selon une étude de l'ADEME (Agence de l'environnement et de la maîtrise de l'énergie), un habitant produit en moyenne 350 kg de déchets par an. Sur ces déchets, plus de 90 kg sont des emballages.

Si l'on intègre à ce calcul les déchets des collectivités et des activités économiques, la quantité produite monte alors à 536 kg par an et par personne. C'est fou... imaginez la quantité de déchets pour une famille de 4...

Sans oublier qu'un Français gaspille en moyenne près de 29 kg d'aliments comestibles par an (dont 7 kg encore emballés) souvent à cause de besoins surestimés.

Et tous ces déchets ne vont pas s'évaporer dans le ciel par magie, sans laisser de traces une fois les éboueurs passés les récupérer ! Entre l'incinération qui pollue l'air et l'enfouissement qui pollue les terres (quand ça ne finit pas dans la mer...), tout ça a un effet sur notre quotidien et notre santé. Bien entendu, notre porte-monnaie est également touché, car c'est avec les impôts que sont payés ces traitements.

Bien entendu, le recyclage permet de revaloriser certaines ressources et de leur redonner de la valeur. Mais non seulement en France nous ne recyclons que 30 % des déchets recyclables (mauvais tri, manque d'infrastructures...), mais il faut de l'énergie (eau, électricité...) pour faire fonctionner les usines de recyclage entre autres.

Bref, beaucoup de gâchis de ressources au total... Le zéro déchet s'impose donc comme une solution optimale pour avoir un rôle positif à différents niveaux ! Bravo à vous pour votre prise de conscience et votre décision de vous lancer !

Je note ici tout ce qui m'a fait prendre conscience qu'il était temps d'agir :

Comment se situe la France dans le monde ?

Histoire de vous faire déculpabiliser un peu, le Français n'est pas le plus gros producteur de déchets au monde (ce qui n'est pas une excuse pour ne rien faire) !

Voici une petite sélection des déchets municipaux produits par jour et par habitant en 2012 (incluant les déchets des foyers, des commerces et établissements publics) :

Nouvelle-Zélande : 3,68 kg

Irlande : 3,58 kg

États-Unis : 2,58 kg

Canada : 2,33 kg

Australie : 2,23 kg

Italie : 2,23 kg

Espagne : 2,13 kg

Allemagne : 2,11 kg

Afrique du Sud : 2 kg

France : 1,92 kg

Royaume-Uni : 1,79 kg

Émirats arabes unis : 1,66 kg

Maroc : 1,46 kg

Belgique : 1,33 kg

Algérie : 1,21 kg

Chine : 1,02 kg

Russie : 0,93 kg

Pologne : 0,88 kg

Burkina Faso : 0,64 kg

Indonésie : 0,52 kg

Inde : 0,34 kg

Iran : 0,16 kg

TORDONS LE COU AUX BONNES VIEILLES IDÉES REÇUES !

« Il faut être riche pour être zéro déchet, car ça coûte plus cher. »

Un panier de produits en vrac coûte entre 5 et 45 % moins cher que son équivalent avec emballage. Le fait de ne pas payer l'emballage, tout en achetant la juste dose, permet de réaliser des économies et de réduire le gaspillage alimentaire.

En faisant soi-même certains de ses produits d'hygiène et d'entretien, on réduit considérablement la facture, et si on achète uniquement l'essentiel tout en consommant certains biens d'occasion, on fait également plaisir à son porte-monnaie !

« Il faut être femme ou homme au foyer, car ça demande plus de temps. »

Si c'était la condition *sine qua non*, nous ne serions pas nombreux à réussir à vivre ainsi ! En faisant ses courses dans des épiceries, au marché, chez les producteurs du quartier, on évite plus la perte de temps (et les tentations) qu'en zigzaguant des heures en grande surface.

Faire ses produits maison et cuisiner des repas simples et frais représentent également des gains de temps, une fois l'habitude prise. Enfin posséder moins de superflu, c'est aussi moins de choses à ranger, à laver, à nettoyer.

« Ça m'a l'air ultra-compliqué. »

Effectivement, il est parfois frustrant et démotivant de voir sur les réseaux sociaux tous ces gens réussir à ne remplir qu'un petit bocal de déchets sur une année. On a l'impression qu'il va être impossible de réduire notre poubelle à ça. Mais attention, chacun sa vie, chacun ses habitudes, chacun son rythme ! Le bocal n'est pas le graal, la réussite suprême. L'important est la progression, le plaisir pris, et surtout la consolidation de ce nouveau mode de vie.

« C'est un truc de bobo, ça ne me concerne pas. »

Heureusement que ça aussi ce n'est pas vrai ! Les personnes pratiquant le zéro déchet sont âgées de 7 à 77 ans et viennent de toutes les catégories socioprofessionnelles. Chacun s'intéresse au zéro déchet grâce à des motivations différentes.

« Encore une mode qui va passer. »

Effectivement depuis 2016 il y a eu un véritable engouement autour de cette pratique, notamment sur les réseaux sociaux et dans les médias. Mais attention, énormément de personnes sont zéro déchet depuis déjà des années (comme c'est mon cas) et elles ne le font pas pour être à la mode, mais bien pour obtenir un changement de vie durable et sain.

C'est comme pour tout, une couverture médiatique n'est pas un fléau, surtout s'il s'agit d'une solution aussi cool que le zéro déchet !

« C'est un truc de gonzesse. »

Alors oui, je ne vais pas pratiquer la langue de bois, ce sont en majorité les femmes qui s'intéressent d'abord au zéro déchet dans un foyer, mais cela ne veut pas dire que les hommes ne font rien ! Bien au contraire, chacun y trouvant son intérêt, le zéro déchet est un truc d'être humain concerné par son avenir.

« Les produits faits maison sont forcément moins efficaces. »

Comment a-t-on réussi à faire entrer dans la tête des consommateurs qu'un produit ultra-chimique était plus efficace qu'un produit naturel et fait maison ?

À quoi pensiez-vous quand on vous parlait de zéro déchet ?

L'image que vous en aviez :

Que ressentiez-vous ?

Des personnes inspirantes à retenir ?

QUE VAIS-JE EN RETIRER COMME BÉNÉFICES ?

Le mode de vie zéro déchet a des conséquences très positives sur différents aspects du quotidien et c'est ça sa force. Même après des années de pratique, je ne lui trouve toujours pas d'inconvénients qui soient de réels freins !

Seul, on va plus vite…

Très rapidement vous allez commencer à apprécier cette nouvelle façon de consommer, beaucoup plus humaine. Prendre le temps de discuter avec l'épicier ou le fromager, à la place des rayons froids et anonymes des supermarchés, va vous enchanter. Une fois vos habitudes prises et votre changement amorcé, vous allez aussi gagner du temps et trouver votre vie bien plus facile à vivre. Votre esprit se sentira plus léger et votre vie sera mieux organisée.

Au fur et à mesure, vous allez économiser de l'argent grâce à votre nouvelle façon de consommer et cela vous permettra d'utiliser ce petit pécule pour satisfaire des besoins non matériels : voyages, sorties, restaurants... Enfin, à plus long terme, puisque vous consommerez des produits plus sains, votre santé vous remerciera sûrement : moins de petits rhumes, meilleur odorat... Tous ces bienfaits, je les ai moi-même peu à peu ressentis !

... mais ensemble, on va plus loin !

Il est très important de trouver dans votre changement des bénéfices personnels, car c'est ce qui va maintenir votre motivation. Mais au final, le plus gros bénéfice va être collectif, car si on s'y met ensemble, c'est véritablement la planète qui s'en portera mieux, et à tous points de vue : air plus pur, eaux plus saines, terres moins polluées... Si on agit ensemble, chacun à son niveau avec son énergie, les bénéfices deviendront énormes !

À retenir

Le zéro déchet rend-il plus heureux ?

La réponse est oui ! Selon une étude de l'ADEME publiée en 2017 et menée auprès de 12 foyers zéro déchet, la réduction des déchets n'entraîne pas mécaniquement plus de bonheur, mais elle s'inscrit dans une démarche qui contribue au bien-être, quelle que soit l'appartenance sociale. Les actions permettant de limiter ses effets sur l'environnement procurent un sentiment de cohérence qui est positif. D'autre part, une façon de vivre plus simple, plus saine et souvent plus conviviale est souvent corrélée au bonheur, directement ou indirectement. Devenir consom'acteur ou consom'actrice a donc du bon !

Ce que j'espère obtenir de ce mode de vie

À court terme, dans les premières semaines :

______

______

______

______

À moyen terme, dès le deuxième trimestre :

À long terme, d'ici un an :

Qu'est-ce qui pourrait me faire baisser les bras et quelles solutions envisager pour me remotiver ?

(Exemple : Si j'ai du mal à faire changer les habitudes de mon compagnon/ ma compagne → Nous tenterons de trouver ensemble des actions simples et ludiques pour le/ la motiver à changer.)

Partie 2

Je débute et j'analyse la situation

Dans cette partie :

- Quel est votre écobilan ?
- J'autopsie ma poubelle pour analyser ma consommation
- Quelles sont mes motivations personnelles ?
- Je motive les personnes vivant sous mon toit

« Soyez le changement que vous voulez voir dans le monde. »

Gandhi

QUEL EST VOTRE ÉCOBILAN ?

Je prends un instant pour répondre en toute sincérité au test suivant afin de définir mon écobilan. Il n'y a pas de bonne ou de mauvaise réponse et, après tout, je suis peut-être déjà un peu zéro déchet sans le savoir !

1. J'aime aller faire mes courses :

★ Au marché près de chez moi.
■ En grande surface.
❍ Aucun des deux, on me livre à domicile.

2. Quand j'ai le choix, quel est le moyen de transport que je préfère utiliser :

■ La voiture.
❍ Les transports en commun ou le covoiturage.
★ La marche ou le vélo.

3. Manger de saison et local, pour moi c'est :

❍ Important, mais je ne me refuse pas quelques gourmandises tropicales ou des tomates en hiver.
■ Manger quoi ?
★ Primordial.

4. Acheter d'occasion, c'est :

❍ Une option que j'envisage de temps en temps.
★ Ma principale façon de consommer.
■ Dégueu, je préfère le neuf.

5. Pour moi recycler, c'est :

■ Compliqué, je ne sais pas comment faire.
★ Fondamental, mais je préfère d'abord refuser, réutiliser et réduire.
❍ Une poubelle de recyclage bien remplie que je fais vider 1 fois par semaine.

6. Je consomme de la viande rouge :

★ Très rarement ou jamais.
■ Tous les jours.
❍ 1 fois par semaine environ.

7. Mes produits d'entretien :

- ❍ Je privilégie les marques bio et saines.
- ★ Je les fais moi-même.
- ■ Je ne fais confiance qu'aux produits chimiques.

8. Quand je fais mes courses :

- ■ Je prends les sacs plastique jetables du magasin et ne fais pas attention aux emballages.
- ❍ J'utilise pour mes fruits et légumes les sacs papier kraft que je mets dans mon cabas et tente de privilégier les emballages recyclables.
- ★ J'ai mes sacs en tissu, mon cabas et quelques bocaux pour tout acheter sans emballage à usage unique.

9. Ma salle de bain, c'est :

- ★ Un savon pour le corps, un pour les cheveux, une sélection restreinte de produits bio et quelques trucs faits maison.
- ■ Un magasin de cosmétiques à elle toute seule.
- ❍ Plein de produits, pour la plupart bio ou à tendance écolo.

10. Côté vêtements, ma garde-robe c'est :

- ❍ Un mélange entre grandes enseignes et marques engagées ; j'aime la mode et un dressing bien rempli, mais je préfère sélectionner ce que j'achète.
- ■ Beaucoup de *fast-fashion*, le tout renouvelé plusieurs fois par an.
- ★ Des pièces intemporelles et des plus fun, le tout dans un style qui colle à ma personnalité, avec des affaires que j'ai depuis des années.

11. Le plastique :

- ■ C'est fantastique ! Y'a un problème avec le plastique ?
- ❍ Pas top, mais parfois, je n'ai pas le choix...
- ★ Beurk, beurk, je fais mon max pour l'éviter.

12. Les épluchures et autres déchets organiques :

- ★ Je les cuisine quand c'est possible ou je trouve des utilisations, puis ils partent au compost.
- ❍ J'essaye de trouver des idées de réutilisation parfois ; j'aimerais avoir un compost, mais le plus souvent ça part à la poubelle.
- ■ Direction la poubelle des déchets ménagers.

Résultats

★	❍	■

Vous avez un maximum de ★

Bravo, vous avez toutes les qualités du parfait ou de la parfaite apprenti(e) zéro déchet ! Vous avez déjà mis en place des actions écofrugales et écologiques qui vous permettent d'être dans votre quotidien un consom'acteur ou une consom'actrice averti(e).

La suite de ce cahier va vous permettre d'approfondir certains points que vous n'aviez peut-être pas encore abordés dans votre mode de vie et d'encore progresser pour être au top du top !

Vous avez une majorité de ❍

Vous faites preuve de bonne volonté et essayez de faire au mieux, bravo ! Vous avez conscience des enjeux environnementaux et vous avez déjà appliqué dans votre quotidien des petits gestes aux conséquences positives et c'est super. Tous les gestes comptent et ont de la valeur !

Mais vu la motivation que vous avez en vous, il vous faut aller encore plus loin ! Avec un peu d'entraînement et d'encadrement, ce cahier va vous permettre d'acquérir les clés pour être au top niveau zéro déchet !

Vous avez un maximum de ■

Déjà, bravo d'avoir fait le premier pas vers votre nouveau mode de vie en ayant acheté ce cahier. Cela montre que malgré quelques lacunes et un écobilan pas jojo (sans doute par manque d'informations), votre motivation et votre envie de progresser sont énormes ! Et c'est déjà 50 % du travail de fait.

Alors, surtout, allez-y à votre rythme. Pas de stress, pas de culpabilité, la progression se fera sur le long terme et avec le sourire !

Alors, que m'inspirent mes résultats ?

____

____

____

____

____

J'AUTOPSIE MA POUBELLE

Hey, petits chirurgiens et chirurgiennes zéro déchet en herbe, je vous propose là l'expérience médico-écolo la plus étrange que vous ferez dans votre vie : autopsier votre poubelle !

Pourquoi est-ce important ?

Tout simplement parce qu'à force de jeter dans nos poubelles, de manière aussi rapide et décomplexée, nous ne savons plus ce que nous jetons et donc ce que nous consommons ! D'autant plus que nous avons chacun et chacune des habitudes tellement différentes : la poubelle d'une famille provinciale ne sera pas la même que celle d'un célibataire de la capitale. Avant de vous lancer dans la pratique du zéro déchet, je vous conseille de prendre des gants et d'aller fouiller dans votre poubelle une fois qu'elle est bien remplie, afin de vous redécouvrir. Ça vous aidera grandement à faire le point sur vos insuffisances !

À retenir

Les différents types de déchets

Organiques biodégradables : épluchures, fruits et légumes moisis, restes alimentaires, noyaux, cheveux, ongles, poils, coquilles d'œufs, boîtes cartonnées d'œufs, emballages inscrits comme biodégradables, herbes coupées, branchages, fleurs, thé ou sachets de thé sans agrafes, marc de café, coquillages, huîtres, déchets carnés, arêtes de poisson, cendres de bois, papiers et cartons non imprimés, litières naturelles, sciures ou copeaux de bois, Sopalin et mouchoirs en papier...

Recyclables : boîtes de conserve, pots en verre avec ou sans couvercle, cartons, papiers (kraft, magazine, journal, courrier), canettes en alu, cartons Tetra Pak, bouteilles en verre, certains contenants plastique, certains contenants cosmétiques, vêtements, médicaments (à la pharmacie), ampoules / néons / piles / batteries / petit électroménager (dans des magasins d'électroménager)...
(Chaque commune a sa propre liste des déchets recyclables, tout dépend de ses infrastructures. Renseignez-vous donc d'abord auprès de votre mairie.)

Ordures ménagères : couches de bébé, lingettes, tampons, serviettes hygiéniques, mégots, os, laitages, ail, matières grasses, excréments d'animaux, les emballages plastique non recyclables (pot de yaourt, pot de crème), boîtes polystyrène, sachets plastique, charbon de barbecue, papiers souillés, film plastique, produits biomédicaux, les pansements, les cotons, les Cotons-Tiges, verre cassé, étiquettes collantes...

P.-S : pour la majorité de ces déchets, même les compostables ou recyclables, des solutions zéro déchet existent !

Je note ce que j'ai trouvé dans ma poubelle

Organiques	Recyclables	Ordures ménagères
–	–	–
–	–	–
–	–	–
–	–	–
–	–	–
–	–	–
–	–	–

QUELLES SONT MES MOTIVATIONS ?

Pourquoi j'insiste toujours sur cet aspect ? Parce qu'il est vital ! En effet, savoir pourquoi on veut se lancer dans le zéro déchet et le garder en tête, c'est la clé de la réussite sur le long terme.

Changer des habitudes de vie que l'on a depuis 10, 20, 30, 40 ans demande de la patience avec soi-même et de rester concentré. Vous allez avoir des moments de doute, de frustration, et c'est normal, car c'est un changement sur le long terme, à votre rythme, avec des hauts et des bas. Ce n'est pas une histoire de 3 semaines, ce n'est pas la course !

Des motivations concrètes, qui peuvent se mesurer chaque jour d'un point de vue personnel, vont vous aider à persévérer, je vous le garantis !

Notez sur une échelle de ① (ce n'est pas ma priorité) à ⑤ (ça me motive grave) les propositions suivantes :

1. Je veux une vie zéro déchet parce que je veux réduire mon impact environnemental sur la planète.

① ② ③ ④ ⑤

2. Je veux une vie zéro déchet parce que je veux économiser de l'argent.

① ② ③ ④ ⑤

3. Je veux une vie zéro déchet parce que je n'en peux plus de sortir ma poubelle et que je veux la faire disparaître !

① ② ③ ④ ⑤

4. Je veux une vie zéro déchet parce que je veux mieux manger.

① ② ③ ④ ⑤

5. Je veux une vie zéro déchet parce que je veux être en meilleure santé.

① ② ③ ④ ⑤

6. Je veux une vie zéro déchet parce que je veux ce qu'il y a de meilleur pour mon avenir et celui de ma famille.

① ② ③ ④ ⑤

7. Je veux une vie zéro déchet parce que je veux agir à mon niveau et être consom'acteur ou consom'actrice.

① ② ③ ④ ⑤

8. Je veux une vie zéro déchet parce que j'aspire à plus de simplicité et de minimalisme.

① ② ③ ④ ⑤

9. Je veux une vie zéro déchet parce que je veux avoir plus de temps pour moi et ma famille.

1 2 3 4 5

10. Je veux une vie zéro déchet parce que je veux pouvoir investir mon argent ailleurs que dans la surconsommation.

1 2 3 4 5

11. Je veux une vie zéro déchet parce que je veux pouvoir me reconnecter avec les autres.

1 2 3 4 5

12. Je veux une vie zéro déchet parce que je veux m'impliquer collectivement et inspirer les autres.

1 2 3 4 5

13. Je veux une vie zéro déchet parce que ma vie d'aujourd'hui et ma façon de consommer actuelle ne me conviennent plus.

1 2 3 4 5

14. Je veux une vie zéro déchet parce que je veux une vie plus saine et écologique.

1 2 3 4 5

15. Je veux une vie zéro déchet parce que j'aime les défis et que celui-là me plaît tout particulièrement.

1 2 3 4 5

16. Je veux une vie zéro déchet parce que ______________________.

1 2 3 4 5

Alors, qu'est-ce qu'il ressort de ce test ?

____

____

____

Qu'est-ce que ça m'inspire ?

____

____

____

Je me note ici mes 3 principales motivations à garder en tête

1 -

2 -

3 -

JE MOTIVE LES PERSONNES VIVANT SOUS MON TOIT

C'est super d'être ultra-motivé(é) pour changer de mode de vie et doucement tendre vers de nouvelles habitudes zéro déchet. Encore faut-il que les personnes vivant sous le même toit que vous jouent le jeu... Car ça peut vite devenir démotivant de se sentir seul(e) à agir !

Que ce soit votre compagnon ou votre compagne, vos parents, vos colocataires, voici quelques pistes pour préparer le terrain en douceur.

Vous vivez seul ? N'hésitez pas si besoin à vous inspirer de ces astuces pour parler de votre nouveau mode de vie autour de vous.

Le maître mot : on se s'énerve pas et on fait preuve de tolérance, tout le monde n'est pas à votre niveau de prise de conscience.

Quelques phrases motivantes et rassurantes

Ça te dirait d'apporter quelques changements dans notre quotidien afin de gagner du temps, en santé et en argent ? **Et tout ça en moins d'un an ?**

Tu n'aimes pas les grandes surfaces et faire du shopping dans les centres commerciaux ? **La vie zéro déchet va te plaire, car jamais on n'y met les pieds !**

Toi qui es concerné par l'écologie, concrètement c'est le mode de vie qui te rendra le plus acteur du changement. **Tu pourras agir chaque jour à ton échelle.**

Viens avec moi une fois faire les courses en mode zéro déchet, tu verras c'est sympa et convivial, on va passer un bon moment. **Ça va te réconcilier avec ce que tu prends pour une corvée !**

Tu vois depuis qu'on a adopté ce mode de vie, on a économisé une belle petite somme. **On se le fait ce week-end à Londres tant rêvé !**

Oui, tu as pris un sac plastique à la caisse, ce n'est pas top, mais je sais que tu fais de ton mieux et c'est l'essentiel. **Peut-être la prochaine fois tu pourras essayer de faire différemment ?**

Je ne te demande pas de penser aux ours polaires qui souffrent en Arctique, mais de penser à notre avenir, celui de nos enfants. De penser à l'air, à l'eau, à la terre qu'on va laisser aux générations futures. **Que veux-tu laisser comme héritage ?**

Tu te plaignais récemment de ne pas avoir une vie très saine.
J'ai la solution pour toi !

Loin des clichés de bobo, hippie... être acteur du changement et adopter une vie zéro déchet, **c'est surtout faire preuve de bon sens tout en restant soi-même**.

C'est normal qu'au début ça prenne un peu de temps, car c'est des années de vieilles habitudes à chambouler.
Mais fais-moi confiance, tu vas kiffer !

Je te propose de ne plus jamais descendre de poubelle et de ne plus se disputer sur qui va le faire.
Sympa, non ?

L'important est que tu fasses ton maximum et que tu prennes du plaisir. **Ce n'est pas la course, il n'y a pas à se comparer aux autres.**

Plus de temps pour toi, pour nous, pour eux, c'est tentant non ? **Encore un aspect agréable du mode de vie que je te propose !**

Rien n'est obligatoire et définitif, si ça ne te plaît pas ou que tu veux modifier quelques trucs, pas de souci nous en discuterons ensemble afin de trouver le bon équilibre.
L'important est qu'on y trouve tous notre bonheur.

Conseil

Comment impliquer les enfants ?

Pour aborder le sujet et expliquer aux enfants ce qu'il est en train de se passer à la maison, le mieux est de recourir au jeu. L'enfant va très vite comprendre que certaines choses ont changé. Sans explications de votre part, il peut perdre ses repères : pourquoi je n'ai plus du shampoing en bouteille ? pourquoi on a remplacé mes biscuits du commerce ?

L'enfant ne verra aucun inconvénient à tous ces changements si vous les abordez de manière ludique et progressive, avec des explications simples.

Faites-le participer aux courses, au remplissage des bocaux, à la cueillette, au marché : il va être fier de lui et se sentir utile. De plus, le fait de voir les aliments en vrac ou sans emballage va le reconnecter avec le produit brut et l'amènera à long terme à se détacher de l'influence du marketing.

Expliquez-lui de manière simple que ce qu'il fait modifie sa vie, celle de ses ami(e)s et sur la nature : l'eau sera plus pure pour les poissons, l'air plus sain à respirer dans la cour de récré, et la préservation des arbres permettra à des familles d'oiseaux de vivre en sécurité.

Ne lui forcez pas la main, car l'influence et le regard des autres sont importants pour les enfants. Il a encore énormément besoin de s'identifier à ses camarades. Il faut y aller pas à pas et l'aider à trouver ce qui le motive.

Pour approfondir la thématique, je vous conseille le livre Les zenfants (presque) zéro déchet *de Jérémy Pichon et Bénédicte Moret (Thierry Soucar, 2016).*

J'aimerais bien te donner...
je vais te trouver un nouveau propriétaire!
À jeter
À donner
À garder

Partie 3

Je fais du tri

Dans cette partie :

- Posséder l'essentiel et non le superflu
- Durable ou périssable : que conserver ?
- Je garde ou je m'en sépare ?
- Je m'organise
- Où donner, vendre, troquer ?

« N'ayez rien dans vos maisons que vous ne savez utile ou croyez magnifique. »
William Morris

EN QUOI LE TRI FAIT-IL PARTIE D'UN MODE DE VIE ZÉRO DÉCHET ?

Quand on veut réduire ses déchets et son impact environnemental, souvent on veut aussi réduire ses biens. Pas forcément dans un esprit de pur minimalisme, mais plutôt dans une suite logique du mieux consommer et donc mieux posséder.

Nos lieux d'habitation sont souvent trop engorgés de choses inutiles et pas durables, que, poussés par les sirènes de la surconsommation, nous avons achetées. En choisissant de devenir consom'acteur ou consom'actrice et de reprendre en main votre mode de consommation, vous allez avoir envie de reprendre en main également votre habitation et ce qui vous entoure.

POSSÉDER L'ESSENTIEL ET NON LE SUPERFLU

Nous avons tous une notion différente de ce qui nous est essentiel ou superflu. Ce qui est essentiel pour l'un sera superflu pour l'autre. Et vice versa. Voilà donc pourquoi chacun doit mener sa propre réflexion à ce sujet et faire le point sur ses besoins.

Qu'appelle-t-on ESSENTIEL ?

À retenir

Ce qui est indispensable et très important pour votre vie. Ce dont vous ne pouvez pas vous passer. Il peut s'agir de quelque chose d'utile à votre quotidien (casserole, lit, voiture...) ou de quelque chose d'utile à votre cœur (ce cadre que vous aimez tant, ce livre qui vous passionne...).

Il ne s'agit pas ici de se référer à l'utilité strictement matérielle d'un objet. L'essentiel implique aussi l'amour que l'on porte à un objet et le bonheur qu'il nous procure.

Par exemple, une cuillère en bois que vous utilisez chaque jour vous sera essentielle de manière pratique pour cuisiner ; une boîte de souvenirs que vous chérissez plus que tout ne sera pas utile de manière pratique, mais sera essentielle à vos yeux, car elle vous rend heureux(se). L'essentiel relève donc du pratique et du spirituel !

Qu'appelle-t-on SUPERFLU ?

À retenir

Ce qui n'est pas indispensable à votre vie et n'est pas nécessaire à la satisfaction de vos besoins pratiques ou spirituels. Ce sont toutes ces choses que vous accumulez chez vous sans en avoir besoin et sans les aimer particulièrement. Elles encombrent votre habitation mais également, sans que vous vous en rendiez compte, votre esprit.

Ces objets superflus sont souvent ceux que l'on garde « au cas où ». Ce fameux « cas où » qui n'arrive jamais !

Je cite 3 objets essentiels que je possède et que je compte garder pour des raisons d'ordre pratique :

Je cite 3 objets essentiels que je possède et que je compte garder pour des raisons d'ordre spirituel :

Je cite 3 objets superflus que je possède et que je ne compte pas garder :

La méthode Marie Kondo

Marie Kondo est une consultante japonaise en rangement et l'auteur du célèbre livre *La magie du rangement* (First, 2015).

Elle a développé une méthode pour apprendre à ranger chez soi, méthode que personne ne souhaite abandonner après l'avoir utilisée, tellement c'est top ! Résultat : un intérieur rangé, propre et moins prise de tête.

Seul bémol : elle conseille de jeter ce dont on ne veut plus, et ça, ce n'est pas très zéro déchet...

Cependant, voici les grandes lignes de sa méthode qui pourrait vous aider à trier chez vous :

1 – Ranger dans un court laps de temps pour être efficace.

2 – Trier ses objets par catégories.

3 – Ressentir l'étincelle de joie pour savoir s'il faut garder ou non.

4 – Plier ses vêtements selon la méthode Kondo afin de les voir tous.

5 – Laisser la magie opérer dans le reste de sa vie.

DURABLE OU PÉRISSABLE : QUE CONSERVER ?

À retenir

Le mode de vie zéro déchet valorise les objets qui ont un cycle de vie le plus long possible, tout en ayant à leur fin l'impact écologique le plus nul possible. Il est donc logique que vous conserviez en priorité les objets qui vous sont essentiels et qui sont en plus durables.

L'idée n'est pas de vous séparer de tout ce qui est périssable et d'investir financièrement pour des équivalents durables. Mon objectif est plutôt de vous aider à faire vos choix et à sélectionner entre deux objets de la même famille celui qui durera, et non celui qui cassera rapidement et ne sera pas réparable ou recyclable.

Qu'appelle-t-on DURABLE ?

À retenir

Ce terme s'applique à ce qui est de nature à durer longtemps, qui présente une certaine stabilité, une certaine résistance dans le temps.

Il s'agit également de concevoir la durabilité d'un objet au-delà de sa seule matière première, en pensant aussi à sa fabrication et à sa mort : comment et où a-t-il été produit ? que va-t-il devenir après usage ?

Voici quelques comparaisons afin que vous puissiez évaluer vos objets :

Durable	Périssable
Une brosse à cheveux en bois	Une brosse à cheveux en plastique
Un jean basique 100 % coton	Un jean de la *fast-fashion* à la mode
Une cuillère en bois	Une cuillère en plastique
Une poêle en acier Inox	Une poêle en Téflon
Un jouet en bois *made in* France	Un jouet en plastique *made in Asia*
Un stylo-plume rechargeable	Un stylo-bille jetable
Une brosse à vaisselle en bois	Une éponge jaune et verte jetable

Quelques objets durables que je possède et que je compte garder :

______

______

______

______

______

______

Au cas où vous hésiteriez, voici quelques objets durables que vous possédez peut-être, à conserver pour votre vie zéro déchet :

- des pots vides en verre ou bocaux en verre

- des bouteilles vides de limonade en verre
- un panier de courses
- des mouchoirs, serviettes et torchons en tissu
- des contenants type Tupperware en verre ou acier

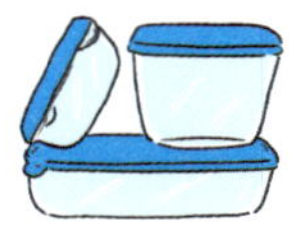

- une gourde

- une carafe

- des sacs de courses réutilisables
- une cafetière classique, italienne ou à piston
- une boule à thé

- des ustensiles de cuisine en acier Inox
- une planche à découper en bois

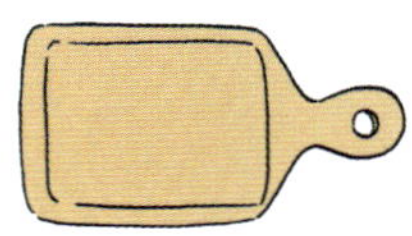

- un nécessaire à couture
- des plats à four en verre
- une balance de cuisine ou un bol doseur
- des brosses de ménage
- un porte-savon

JE GARDE OU JE M'EN SÉPARE ?

Il est assez facile de savoir si on aime ou non un objet, et donc s'il est essentiel ou superflu pour son bien-être, car on fait appel à ses émotions. On éprouve de la joie = ok, on garde ; on ne ressent rien ou alors une émotion négative = ok, on s'en sépare.

Cependant, la question de savoir si un objet purement pratique est essentiel ou bien superflu dans sa vie peut être plus complexe, car la réponse fera appel à la raison. **Voici un graphique qui vous aidera à y voir plus clair et à raisonner**.

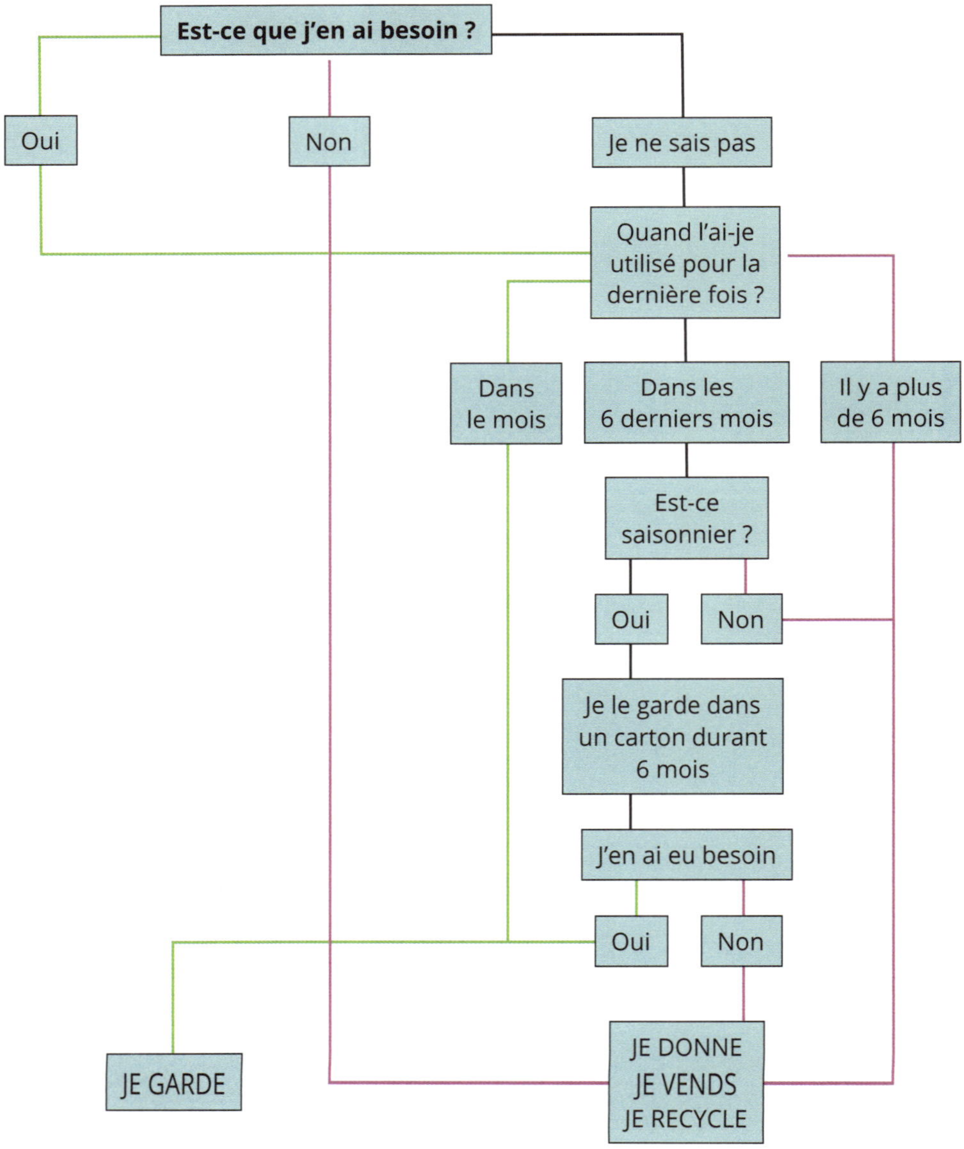

JE M'ORGANISE

Parce que l'idée est d'être efficace, voici un planning pour vous aider à organiser votre tri. Comme nous avons tous des vies différentes, chaque étape n'a pas une durée définie et chacun est maître de sa gestion. D'autant plus que nos habitations sont plus ou moins grandes, avec plus ou moins de pièces.

Conseil

Je vous conseille cependant de consacrer à chaque étape entre ½ journée et 2 jours maximum. Au-delà votre motivation et votre efficacité vont chuter.

Étapes	Lieux
Étape 1	Cuisine Garde-manger Sellier
Étape 2	Chambre adulte(s) Dressing adulte(s)
Étape 3	Chambre(s) enfant(s) Dressing enfant(s) Jouets enfants
Étape 4	Salle de bain Buanderie
Étape 5	Salon Bibliothèque Placards et meubles fourre-tout
Étape 6	Cave Grenier Garage Cabane du jardin

Comment je me sens après ce grand tri ?

___

___

___

___

OÙ DONNER, VENDRE, TROQUER ?

Ok, j'ai trié toute mon habitation ! Mais maintenant, j'en fais quoi de tout ce dont je veux me séparer ? Comment agir de manière zéro déchet ? Quand on adopte un mode de vie zéro déchet, le but est de rester autant que possible dans une logique d'économie circulaire.

Voici une liste d'adresses qui pourront vous être utiles !

Bon plan

	Lieux physiques	Online
Je veux donner	**Ressourceries :** *www.ressourcerie.fr* **Emmaüs :** *www.emmaus-france.org* **Le Relais :** *www.lerelais.org* **Lunettes Sans Frontières :** *www.lunettes-sans-frontiere.fr* **Rejoué (uniquement IDF) :** *www.rejoue.asso.fr* **Recyclivre :** *www.recyclivre.com* **La Cravate Solidaire :** *www.lacravatesolidaire.org*	**GEEV :** *application sur Android et IOS*
Je veux vendre	**Brocantes et vide-greniers :** *www.vide-greniers.org* *ou se renseigner auprès de sa mairie* **Vide-dressing organisé :** *www.vide-dressing.org*	**Vinted :** *www.vinted.fr* *ou application sur Android et IOS* **Le Bon Coin :** *www.leboncoin.fr* *ou application sur Android et IOS* **Videdressing :** *www.videdressing.com* **Percentil :** *www.percentil.fr* **Vestiaire Collective :** *www.vestiairecollective.com*
Je veux troquer	**Annuaire des SEL** (Système d'échange local) : *www.annuairedessel.org*	**Bibliotroc :** *www.bibliotroc.fr* **My Troc :** *www.mytroc.fr*

Mes adresses utiles

I ♥ Recycler

Partie 4

Dans la cuisine

Dans cette partie :

- Une cuisine zéro déchet
- Faire mes courses : je prends quoi, je vais où, je m'y prends comment ?
- Je cuisine anti-gaspillage alimentaire !
- Composter
- DIY produits d'entretien

« *Nous n'héritons pas de la terre de nos parents, nous l'empruntons à nos enfants.* »
Antoine de Saint-Exupéry

UNE CUISINE ZÉRO DÉCHET

La cuisine est le lieu où l'on produit le plus de déchets dans un foyer, et c'est donc là qu'il va falloir commencer à agir.

Conseil

Avant de continuer la lecture, reportez-vous au « Suivi du poids de mes poubelles d'ordures ménagères » à la fin de ce cahier (p. 126). Chaque fois que vous sortirez une de vos poubelles d'ordures ménagères, je vous invite à la peser et à remplir le tableau. Cela vous permettra de voir concrètement vos progrès et d'être fier, ou fière, de vos progrès !

À retenir

Le trio gagnant d'une cuisine zéro déchet : faire des courses sans emballage + cuisiner + composter.

FAIRE MES COURSES : JE PRENDS QUOI, JE VAIS OÙ, JE M'Y PRENDS COMMENT ?

Je prends quoi avec moi ?

Faire ses courses en mode zéro déchet induit logiquement le refus des sacs plastique ou papier pour les fruits et légumes, des emballages à usage unique pour les autres denrées, etc. Il faut donc s'organiser et prévoir un kit de courses, qui va varier selon vos besoins, selon que vous faites des courses pour 1 ou 6, à pied ou en voiture.

À retenir

Mais globalement pour faire des courses zéro déchet, vous aurez régulièrement besoin de ceci :

- un panier, un grand cabas ou un caddie à roulettes ;
- des petits sacs en tissu : pour les fruits, les légumes, le pain, le vrac sec (riz, pâtes...), les savons solides ;
- des bocaux ou pots en verre : pour la crème fraîche, les olives, le miel, le vrac sec, le bicarbonate... lesquels vous serviront également pour conserver de manière optimale vos aliments frais ou secs ;
- des contenants type Tupperware : pour la viande, la charcuterie, le fromage...
- une boîte à œufs vide : pour les œufs frais ;
- des bouteilles en verre à bouchon mécanique : pour le vin, le vinaigre, l'huile...

Ce que je possède déjà :

Ce que je vais devoir acquérir :

Conseil

N'oubliez pas la récup !

Avant de vous ruiner en équipements et d'acheter du neuf pour votre kit de courses, pensez à la récup !

- Des pots de confiture, de sauce tomate ou de cornichons feront super-bien l'affaire pour vos pots en verre.
- Demandez à votre mémé ou votre maman : elles ont sûrement des bocaux à la cave qu'elles n'utilisent plus.
- C'est la folie des *tote bags* en ce moment, profitez-en pour les utiliser en guise de cabas.
- Vous aimez la limonade artisanale ? Eh ben, ça tombe bien ! Faites le plein de limonade en bouteille en verre au supermarché du coin et gardez vos bouteilles pour votre kit de courses.
- Gardez votre boîte d'œufs vide pour vos prochaines courses.
- Des talents de couturier ou couturière ? Avec quelques morceaux de tissu de récup ou de vieux draps, confectionnez vous-même vos petits sacs en tissu. Vous trouverez plein de tutos sur Internet en tapant dans la barre de recherche « coudre sac à vrac ».

Je
T'aime
bocaux
I ♥
Trier

Je prends quoi sur place ?

Ok, c'est bon, vous êtes prêt(e) à partir en courses zéro déchet avec votre kit. Mais concrètement vous allez prendre quoi ?

Une des clés de la réussite, en général, est de préparer sa liste de courses. Vous pouvez soit la préparer au fur et à mesure que vous finissez des produits chez vous, soit la faire d'un coup le jour même.

Cela permet de ne pas faire d'achats impulsifs et inutiles (oui, oui, vous savez de quoi je parle !), de ne pas dépenser son argent n'importe comment et surtout d'éviter le gaspillage alimentaire.

Conseil

Mon astuce 1 : écrire votre liste dans votre téléphone, ça vous évitera de l'oublier à la maison !

Mon astuce 2 : classer votre liste par commerçants, vous gagnerez en temps et en efficacité. Vous saurez ainsi ce que vous avez besoin de prendre avec vous dans votre kit de courses et éviterez de tout trimballer !

Exemple de liste de courses	
Épicerie vrac	Bicarbonate de sodium Riz basmati Vin rouge Sel
Magasin bio	Avoine en vrac Savon de Marseille Lait de soja
Primeurs	Oranges Carottes 1 brin de coriandre
Boucherie	200 g de hachis
Boulangerie	2 baguettes 1 pain au chocolat
Fromagerie	2 bûches de chèvre Un bocal de crème fraîche 12 œufs
Poissonnier	1 pavé de saumon
Supermarché	1 bouteille en verre de limonade
Autre	1 boîte d'allumettes à la droguerie

À retenir

Et l'eau alors ?

Évidemment être zéro déchet implique de ne plus acheter d'eau en bouteille jetable. Le fait que ces bouteilles soient recyclées n'est pas une raison pour les utiliser.

Je vous conseille vivement de boire l'eau du robinet, et vous pouvez d'ailleurs consulter auprès de votre mairie les analyses scientifiques afin de vous rassurer sur la potabilité de l'eau de votre lieu d'habitation. L'eau du robinet est le produit alimentaire le plus surveillé à ce jour. Elle est soumise à de multiples analyses, depuis son origine jusqu'au robinet, avec des contrôles quotidiens.

Boire de l'eau en bouteille est très polluant. En France, 140 000 tonnes de bouteilles plastique par an finissent en déchets. De plus, d'un point de vue budgétaire, l'eau du robinet coûte 200 à 300 fois moins cher que l'eau en bouteille.

Et un truc auquel on ne pense pas toujours : les bouteilles plastique sont remplies de BPA et autres perturbateurs endocriniens qui migrent dans votre eau. Un sacré cocktail toxique...

Si vous souhaitez quand même filtrer votre eau pour vous rassurer ou pour modifier le goût, je vous conseille de mettre dans une cruche à eau un Binchotan (bâton de charbon actif) ou des perles de céramique de la marque Les Verts Moutons. Ils vont filtrer votre eau des impuretés et améliorer le goût.

Je vais où ?

Quand on fait ses courses en mode zéro déchet, il est quasiment impossible de se rendre dans une grande surface, tout y est suremballé et surtout demander au fromager de remplir notre contenant en verre de gruyère relève des 12 travaux d'Hercule ! Ne lui en voulons pas, les ordres viennent de plus haut...

De plus, comme je l'expliquais au début, consommer zéro déchet, c'est aussi privilégier le contact avec les producteurs locaux et c'est faire vivre l'économie locale et de quartier. On en revient à la vraie relation commerçant/client qui donne du baume au cœur et donne envie de faire ses courses. On fait marcher l'économie du coin tout en remettant l'humain au cœur de tout.

Et pas de panique, une fois votre routine trouvée, vous ne mettrez pas plus de temps qu'en grande surface, bien au contraire. Ça va devenir un vrai plaisir !

Vrac ou sans emballage ?

Comme vous avez pu le voir, depuis le début je vous parle de faire des courses sans emballage à usage unique, et non de courses en vrac. Et pourquoi donc ? me direz-vous. Tout simplement parce que le mot « vrac » fait peur et qu'on a l'impression qu'il faut forcément se rendre dans une épicerie spécialisée !

Le vrac est une partie de ce que j'appelle les aliments sans emballage. Le pain dans une boulangerie c'est aussi sans emballage, ou encore, les fruits et légumes au marché, le fromage chez le fromager… Bref, vous m'aurez comprise, le sans emballage est partout quand on ouvre les yeux !

Bon plan

Quelques adresses pour faire vos courses zéro déchet :

- **Le marché de votre ville/village :** renseignez-vous auprès de votre mairie pour connaître le ou les jour(s) du marché.
- **Les commerçants de votre ville/village :** rien de tel pour nouer des liens et redynamiser les centres-villes.
- **Day by Day :** franchise d'épiceries 100 % vrac présente dans toute la France, vous y trouverez tout ce qu'il vous faut pour être zéro déchet (hors produits frais) ! *www.daybyday-shop.com.*
- **Épiceries vrac indépendantes :** retrouvez toute la liste des épiceries vrac indépendantes faisant partie du Réseau Vrac, *www.reseauvrac.org.* N'hésitez pas aussi à chercher directement sur Internet si une épicerie vrac se trouve près de chez vous, car toutes ne sont pas adhérentes au Réseau Vrac.
- **Franprix :** propose dans la majorité de ses magasins de l'huile, du vinaigre, du vin, des produits d'hygiène et d'entretien en vrac.
- **Biocoop :** réseau de magasins bio indépendants proposant du vrac sec mais également certains du vrac liquide (vin, lessive, vinaigre…), *www.biocoop.fr.*
- **AMAP :** groupement de consommateurs et de producteurs proposant des paniers de produits en direct des producteurs à des prix fixes et équitables, *www.reseau-amap.org.*
- **La Ruche qui dit Oui :** réseaux de communautés d'achat direct aux producteurs locaux, *www.laruchequiditoui.fr.*
- **Les cueillettes Chapeau de Paille :** prendre l'air et aller cueillir ses fruits et légumes, plus frais que ça c'est pas possible ! *www.chapeaudepaille.fr.*
- **À la ferme :** en direct à la ferme, sans aucun intermédiaire ! *www.bienvenue-a-la-ferme.com.*

Je m'y prends comment ?

Allez, on prend une grande respiration, on souffle... et go, on y va ! Ça y est, vous êtes prêt(e) à vous lancer dans la pratique des courses zéro déchet !

À retenir

Juste avant, voici un petit point très concret sur la façon de s'y prendre selon le commerçant.

Épicerie vrac	• Avant de remplir vos contenants en verre (bocaux, pots et bouteilles), pensez à les peser sur la balance à disposition ou à les faire peser en caisse par le commerçant, puis notez le poids sur votre contenant, ce qui permettra une fois en caisse de déduire le poids à vide et de ne payer que le contenu. • Remplissez vos petits sacs en tissu ou vos bocaux/pots avec le vrac sec de votre choix. • Remplissez vos bouteilles avec le vrac liquide de votre choix. • Certains magasins vous demanderont d'acheter des bouteilles en plastique rechargeables à vie pour vos achats de produits ménagers liquides : c'est normal, c'est la réglementation qui le demande, ne paniquez pas ! • Mettez tout ça dans votre caddie à roulettes, cabas ou panier.
Magasin bio	• Si le magasin accepte les contenants en verre, pensez à vérifier que le poids figure dessus. • Remplissez vos petits sacs en tissu ou vos bocaux avec le vrac sec de votre choix. • Mettez vos fruits et légumes dans vos sacs en tissu, si besoin collez-y l'étiquette du poids avec le prix (étiquette à mettre à la poubelle). • Mettez tout ça dans votre caddie à roulettes, cabas ou panier.
Primeurs	• Mettez vos fruits et légumes dans vos petits sacs en tissu. • Mettez tout ça dans votre caddie à roulettes, cabas ou panier.
Boucherie	• Vérifiez que le poids figure sur votre contenant type Tupperware, sinon précisez au boucher d'utiliser la tare de sa balance. • Tendez votre contenant et demandez avec le sourire qu'il vous serve directement dedans. • Mettez tout ça dans votre caddie à roulettes, cabas ou panier.
Boulangerie	• Demandez votre pain dans votre sac en tissu ou votre baguette sans emballage ou dans votre sac à baguette. • Pour les viennoiseries, vous pouvez les mettre dans un contenant type Tupperware ou dans un petit sac en tissu. • Mettez tout ça dans votre caddie à roulettes, cabas ou panier.
Fromagerie	• Vérifiez que le poids figure sur votre contenant type Tupperware ou bocal en verre, sinon précisez au fromager d'utiliser la tare de sa balance. • Tendez votre contenant et demandez avec le sourire qu'il vous serve directement dedans. • Mettez tout ça dans votre caddie à roulettes, cabas ou panier.

Poissonnier	• Vérifiez que le poids figure sur votre contenant type Tupperware, sinon précisez au poissonnier d'utiliser la tare de sa balance. • Tendez votre contenant et demandez avec le sourire qu'il vous serve directement dedans. • Mettez tout ça dans votre caddie à roulettes, cabas ou panier.
Supermarché	• Mettez vos fruits et légumes dans vos sacs en tissu. • Si du vrac sec est vendu, remplissez vos sacs en tissu. • Si du vrac liquide est vendu, vérifiez pour la prochaine fois si la bouteille est consignée ou s'il s'agit d'un achat à vie, à réutiliser pour les prochains remplissages. • Mettez tout ça dans votre caddie à roulettes, cabas ou panier.

Vous avez été confronté(e) à un refus du commerçant ?

Il peut arriver qu'un commerçant refuse vos contenants et il est dans son droit de fixer ses modalités de vente en vertu de la « liberté du commerce et de l'industrie » dont il bénéficie. Il faut cependant savoir qu'aucune loi n'interdit le remplissage des contenants de clients.

Plusieurs raisons possibles à son refus :

- Il ne comprend pas la démarche et ne veut pas jouer le jeu, dans ce cas essayez de trouver un autre commerçant plus ouvert d'esprit !
- Il ne sait pas utiliser la tare sur sa balance et il lui est donc impossible de déduire le poids du contenant vide.
- Il craint de voir sa responsabilité engagée en cas de contamination et refuse pour des raisons d'hygiène.
- Votre contenant est sale ou humide.

JE CUISINE ANTI-GASPILLAGE ALIMENTAIRE !

Un mode de vie zéro déchet implique de ne plus acheter de plats tout préparés suremballés, et donc de cuisiner. Pour ceux et celles qui cuisinent déjà et aiment ça, vous avez trouvé le mode de vie qui vous convient !

Pour ceux et celles qui n'ont jamais cuit un œuf de leur vie, attention, pas de stress, et pas la peine de se mettre en quatre à chaque repas ! Je vous conseille de privilégier des recettes toutes simples et rapides, et de temps en temps vous faire plaisir pour progresser en cuisine.

Vous verrez que sur le long terme votre santé et votre digestion vous remercieront, ainsi que votre porte-monnaie !

À retenir

Le gaspillage alimentaire en France

En 2016, un Français jetait près de 20 kg d'aliments encore consommables par an, ce qui représente 1,2 million de tonnes de nourriture qui ont fini à la benne en France. Sur ces 20 kg, 7 kg sont des produits non déballés.

Il est estimé que le gaspillage alimentaire représente 10 % des déchets ménagers et qu'un foyer jette, en moyenne, entre 500 et 1 500 euros par an de nourriture encore consommable.

Éviter de faire du gaspillage alimentaire permet donc de réduire ses déchets et en prime d'économiser de l'argent. C'est pas beau ça !

Et moi alors ?

Combien d'aliments encore consommables ai-je jetés cette dernière semaine :

- ☐ Aucun !
- ☐ Entre 1 et 5

Lesquels et pourquoi :

____

____

- ☐ Entre 5 et 10

Lesquels et pourquoi :

____

____

- ☐ Plus de 10

Lesquels et pourquoi :

____

____

Recettes anti-gaspillage alimentaire

Pain perdu à la cannelle

Pour 4 personnes – Préparation : 10 min – Cuisson : 5 min

Du pain sec (1 baguette coupée en tranches, 6 tranches de pain de campagne ou 8 tranches de brioche) • 4 œufs • 75 g de sucre de canne roux • 25 cl de lait de vache ou végétal • de la cannelle • de l'huile ou du beurre pour la cuisson

1. Dans un saladier, mélangez les œufs, le sucre et le lait.

2. Faites chauffer une grande poêle, et quand elle est bien chaude, mettez l'huile ou le beurre.

3. Trempez les tranches de pain sec une par une dans le saladier, puis mettez-les dans la poêle.

4. Laissez rôtir 5 minutes par face et déposez le tout dans un plat ou une grande assiette.

5. Saupoudrez le tout de cannelle, et hop à table ! C'est aussi excellent servi froid.

Chips d'épluchures de légumes

Préparation : 5 min – Cuisson : 10 min

Des pelures de pommes de terre, carottes, tomates (de préférence bio) • sel, poivre et épices au choix (piment, herbes de Provence, curry)

1. Lavez les épluchures à l'eau chaude. Si vos épluchures ne sont pas bio, nettoyez-les au bicarbonate de sodium pour enlever le maximum de pesticides.

2. Déposez-les sur la plaque du four.

3. Salez, poivrez et épicez selon vos goûts.

4. Enfournez à 200 °C (th. 6/7) pour 10 minutes environ, jusqu'à ce qu'elles soient croustillantes.

Variante : Vous pouvez aussi les mettre directement dans une friteuse au lieu du four et assaisonner après cuisson.

Cake aux restes du frigo

Pour 4 personnes – Préparation : 10 min – Cuisson : 45 min

100 g de farine • 1 pincée de levure ou bicarbonate de sodium • 2 œufs • 2 c. à s. d'huile • 4 c. à s. de lait de vache ou végétal

1. Préparez un cake : mélangez les différents ingrédients jusqu'à obtenir une pâte lisse.

2. Ajoutez à votre pâte les restes du frigo : crabe, olive, jambon, chèvre, raisin, légumes, roquefort, poulet… On y met tout !

3. Salez, poivrez, puis enfournez 45 minutes à 180 °C (th. 6).

Compote des fruits trop mûrs

Pour 4 personnes – Préparation : 10 min – Cuisson : 20 à 30 min

Des fruits trop mûrs : pomme, poire, kiwi, pêche, banane... • 1 c. à s. d'eau • 2 c. à c. de sucre, miel ou sirop d'agave

1. Enlevez la peau des fruits si nécessaire ou si elle n'est pas bio.
2. Découpez les fruits en cubes.
3. Mettez le tout dans une casserole avec 1 verre d'eau et le sucrant.
4. Laissez mijoter à feu doux sous couvercle durant 20 à 30 minutes. Tadam ! Un bon dessert antigaspi !

Pour aller encore plus loin, je vous conseille l'excellent livre de Marie Cochard, Les épluchures *(Eyrolles, 2016), une mine d'or anti-gaspillage alimentaire* !

COMPOSTER

À retenir

Le compostage est un processus naturel de décomposition des déchets organiques par le biais de microorganismes, de champignons et de petits invertébrés, en présence d'eau et d'oxygène. Les déchets de cuisine et de jardin sont ainsi transformés en humus, très riche pour la terre.

À ce jour, très peu de communes en France pratiquent le ramassage organisé des déchets organiques. Je vous invite quand même à vous renseigner auprès de la votre pour savoir si elle organise ce type de collecte ou si elle propose éventuellement du compostage collectif de quartier ou d'immeubles.

Sinon, je vous recommande de composter chez vous afin de diminuer le volume de votre poubelle. Que vous ayez un jardin (où la pratique est simplifiée), ou que vous habitiez en appartement (où il existe également des solutions), il est toujours possible de composter chez soi.

Pourquoi composter ?

À retenir

Composter des déchets organiques, c'est en fait un juste retour à la terre de déchets qui n'auraient pas pu être valorisés autrement. À ce jour, quand on jette ses épluchures de légumes à la poubelle des ordures ménagères, cela part à l'incinération ou à l'enfouissement.

Malheureusement, ce traitement des déchets génère un gaspillage d'énergie, alors que ces épluchures ont encore une très grande valeur nourricière pour les sols. En se décomposant, elles deviendront un excellent compost fertilisant pour les végétaux. Et ça vous évitera d'acheter du terreau. Encore des économies !

Cela permet également de réduire de 20 à 60 % la taille de votre poubelle des ordures ménagères, selon vos habitudes alimentaires. Les personnes consommant beaucoup de fruits et légumes verront une réduction significative !

Objectif zéro déchet !

En VERS et contre tous...

Où et comment composter chez soi ?

Je vais vous présenter ici les 2 techniques les plus courantes de compostage à la maison, car elles sont les plus faciles à mettre en place et gérer :

- le compostage en bac
- le lombricompostage

Je ne vais pas parler du compostage type bokashi, qui relève plus de la fermentation que du compostage et qui est moins économique, car il faut se fournir régulièrement en son de bokashi. Mais cette technique est cependant possible.

J'ai un jardin	Je n'ai pas de jardin
La configuration idéale !	**Pas de souci, c'est possible aussi !**
Le jardin vous permettra d'installer un composteur bac classique en contact direct avec le sol et vous pourrez composter presque tous les déchets organiques.	Vivre en appartement ou maison sans jardin ne vous empêchera en rien de composter. Il vous faudra un lombricomposteur, qui n'a pas de contact direct avec le sol. Cela a la taille d'une poubelle à peu près.

Il vous faudra donc un bac spécial compostage en bois ou en plastique avec couvercle pour le protéger des intempéries (je vous recommande le bois, car il respire plus), qui sera directement déposé sur de l'herbe ou de la terre.	Il vous faudra un lombricomposteur sur pieds avec couvercle. Il n'aura donc aucun contact avec le sol et toute la phase de décomposition se déroulera à l'intérieur.
Grâce à l'action des vers de terre et autres petits insectes qui, provenant de la terre (d'où l'intérêt de mettre le bac en contact direct avec le sol), viendront visiter votre bac, la décomposition et le compost vont se produire.	Comme son nom l'indique, ce sont des lombrics qui vont se charger de manger, digérer et produire votre compost à l'intérieur du lombricomposteur.

Au fur et à mesure que vous remplirez votre bac, vous pourrez observer des couches : – près du sol : le compost terminé et récupérable – au milieu : le compost en préparation – au-dessus : les récents déchets organiques rajoutés Après quelques semaines, voire quelques mois en hiver, vous pourrez récupérer votre premier compost terminé pour en mettre dans vos plants, pots de fleurs, pieds d'arbre… **Attention :** de nombreuses communes donnent ou prêtent sous caution ce type de composteur bac. Avant de payer pour vous équiper, pensez à vous informer auprès de votre mairie !	Pas de panique, ça ne sent absolument rien, et les vers restent bien au chaud et ne viendront pas vous chatouiller les pieds pendant la nuit ! Un lombricomposteur est composé de plusieurs plateaux : – le premier en partant du haut : celui où vous déposerez vos déchets organiques – le deuxième : le compost en préparation – le troisième : le compost prêt à être récolté – le quatrième : un plateau ou entonnoir équipé d'un robinet. Il aura récolté le thé de vert, un jus très fertilisant, que vous pourrez récupérer dans un bac ou une bouteille en ouvrant le robinet. **Attention :** de nombreuses communes donnent, vendent à des tarifs négociés ou prêtent sous caution ce type de lombricomposteur. Avant de payer pour vous équiper, pensez à vous informer auprès de votre mairie !

Que composter ?

À retenir

Règle cruciale

Un compost réussi est un mélange de 2 types de déchets organiques :

- ⅓ de déchets azotés (mous et humides) : déchets alimentaires, tonte, feuillage.
- ⅔ de déchets carbonés (secs et structurants) : boîte d'œufs déchiquetée en petits morceaux, paille, papier.

Chaque fois que vous mettrez vos déchets azotés dans votre bac ou lombricomposteur, pensez bien à rajouter de la matière carbonée : elle vous évitera d'avoir un lieu trop humide où peuvent proliférer des moucherons. Préparez-vous un seau de matière carbonée, comme ça vous n'aurez plus qu'à rajouter 1 ou 2 poignées à chaque fois.

Pensez également, tous les 15 jours, à remuer le haut du bac ou le premier plateau du lombricomposteur afin d'aérer la matière et de permettre une meilleure décomposition.

	Composteur bac	Lombricomposteur
Mettre	Pelures de fruits et légumes, fruits et légumes abîmés, riz, pâtes, pain, papiers, cartons, coquilles d'œufs, thé, marc de café, ongles, cheveux, mouchoirs, essuie-tout, carton, boîtes d'œufs, papier journal, rouleaux de papier toilette ou essuie-tout, algues, fleurs fanées, tontes de gazon, feuillages, branchages, litière chat hors excréments, ail, oignons, noyaux, agrumes en petite quantité, coquilles de fruits secs, coquillages broyés au marteau au préalable, paille, écorce.	Pelures de fruits et légumes, fruits et légumes abîmés, riz, pâtes, pain, papiers, cartons, coquilles d'œufs, thé, marc de café, ongles, cheveux, mouchoirs, essuie-tout, carton, boîtes d'œufs, papier journal, rouleaux de papier toilette ou essuie-tout, algues, fleurs fanées.
Ne pas mettre	Restes de viandes et poissons (peuvent attirer des nuisibles), os, mégots de cigarettes, produits laitiers, noyaux, matières grasses, produits laitiers, excréments canins ou félins, cendres, charbon de BBQ.	Ail, oignons, agrumes, restes de viandes et poissons, os, mégots de cigarettes, produits laitiers, noyaux, matières grasses, produits laitiers, litière de chat, excréments canins ou félins, cendres.

DIY PRODUITS D'ENTRETIEN

Pour nettoyer et faire son ménage en mode zéro déchet, finito les produits du commerce suremballés, chers et toxiques qui polluent les nappes phréatiques et sont bourrés de perturbateurs endocriniens.

À retenir

Pour une maison saine, il vous suffira de 3 ingrédients indispensables et disponibles en vrac :

- **du bicarbonate de sodium :** pour enlever le calcaire et nettoyer les sanitaires, pour éviter les rampants, pour enlever les mauvaises odeurs du frigo et du placard à chaussures…
- **du vinaigre blanc :** dilué avec de l'eau pour les vitres et les étagères, chauffé pour déboucher les canalisations et faire fondre le calcaire, pour nettoyer les lavabos, douche et WC…
- **du savon noir :** dilué dans un seau d'eau pour nettoyer les sols, pour nettoyer la baignoire et le sol de la douche, pour nourrir le parquet…

Recettes indispensables

Vous voulez aller plus loin et pour quelques sous réaliser vos produits ménagers ? Voici deux recettes faciles, écolo et économiques !

Lessive à l'ancienne

Pour 2 litres de produit

1,5 l d'eau bouillante • 60 g de savon de Marseille en paillettes (ou râper un bloc de savon à l'aide d'une râpe de cuisine) • 40 g de cristaux de soude • 3 c. à s. de bicarbonate de sodium • quelques gouttes d'huiles essentielles de lavande, citron ou rose (optionnel)

1. Faites bouillir l'eau dans une grande casserole, puis hors du feu incorporez tout doucement l'ensemble des ingrédients, en mélangeant le tout avec un fouet jusqu'à parfaite homogénéité.

2. Laissez complètement refroidir, puis mixez le tout ou fouettez de nouveau le mélange. En remuant à froid, vous allez éviter que le mélange ne se fige par la suite dans votre contenant.

3. Versez le tout à l'aide d'un entonnoir dans 2 bouteilles en verre, votre ancien bidon de lessive ou 1 grand bocal de 2 litres. Mettez dans votre machine l'équivalent d'un petit verre ou d'1 ou 2 bouchons de lessive selon l'état de saleté du linge.

Astuce : si le mélange se fige dans la bouteille, secouez un bon coup !

Nettoyant multiusage antigaspi

Pour 1 litre de produit

0,5 l d'eau du robinet • 0,5 l de vinaigre blanc • pelures de mandarines, écorces d'oranges, de pamplemousses ou de citrons qui allaient partir à la poubelle

1. Dans un bocal de 2 litres, versez l'eau, le vinaigre blanc et ajoutez les agrumes.

2. Après deux semaines de repos : enlevez les écorces et versez le produit dans un pulvérisateur. Très dégraissant, désinfectant et nettoyant, il sent en plus bon les agrumes !

Mes recettes de produits d'entretien

Partie 5

Dans la salle de bain

Dans cette partie :

- Zéro déchet et beauté santé : c'est lié !
- Qu'est-ce que je change dans ma salle de bain ?
- DIY produits d'hygiène et beauté

« Aucune grâce extérieure n'est complète si la beauté intérieure ne la vivifie. »

Victor Hugo

ZÉRO DÉCHET ET BEAUTÉ SANTÉ : C'EST LIÉ !

Si vous débutez dans le zéro déchet et que vous allez jeter un coup d'œil dans votre salle de bain, vous y verrez sûrement une quantité de produits cosmétiques et d'hygiène emballés dans du plastique (gel douche, shampoing, dentifrice…) ou même faits de plastique (brosse à dents, Cotons-Tiges…).

Bien que certains emballages se recyclent, l'idéal, comme je l'ai expliqué depuis le début, est de réduire à la source les déchets d'emballage. Car non seulement ils remplissent nos poubelles alors que des alternatives zéro déchet existent, mais en plus ils contiennent des composants chimiques toxiques pour le corps, qui vont migrer dans le produit.

N'oublions pas qu'une fois rincés, tous ces produits finissent dans l'eau, puis dans les nappes phréatiques. Et quand on voit la composition de certains d'entre eux…

Heureusement que des alternatives zéro déchet, économiques et meilleures pour votre santé, existent pour presque chaque produit que vous utilisez à ce jour.

Votre routine hygiène et beauté

Avant de passer aux alternatives, faites le point sur vos produits actuels de beauté et d'hygiène afin de définir :

- quels changements vous jugez nécessaires dans votre salle de bain
- lesquels vous souhaitez réaliser (vous n'êtes pas obligé(e) de tout révolutionner d'un coup !)

	Produits et objets non durables utilisés
Pour mon hygiène corporelle	
Pour me laver les cheveux	
Pour me nettoyer le visage	
Pour me brosser les dents	
Pour prendre soin de mon visage	

Pour prendre soin de mon corps	
Pour prendre soin de mes cheveux	
Pour me raser	
Pour mes menstruations	

Conseil

Quid du maquillage

À ce jour, pour se maquiller zéro déchet, il n'existe pas 150 000 solutions !

La marque française Zao MakeUp propose une gamme de cosmétiques bio et Cruelty Free (non testés sur les animaux) dans des emballages rechargeables. Une excellente initiative pour toutes les personnes aimant se maquiller.

Si vous ne trouvez pas votre bonheur dans cette marque, je vous conseille de vous tourner vers des marques bio non testées sur les animaux, avec des emballages recyclables ou réutilisables. Je sais à quel point il peut être compliqué de trouver son bonheur en maquillage, donc ce sera toujours ça de gagné !

Une autre solution est de créer vous-même vos propres cosmétiques grâce à des ateliers organisés en groupe près de chez vous, ou même chez vous, toute seule comme une grande, avec des produits culinaires. Vous trouverez beaucoup de recettes *home made* sur Internet. Attention de toujours bien vous laver les mains avant de faire vos recettes.

Certaines femmes, en passant au zéro déchet, décident de s'affranchir totalement du maquillage ou de beaucoup moins se maquiller. Un choix motivé par l'envie d'avoir une apparence physique plus naturelle, en accord avec le mode de vie plus naturel du zéro déchet.

À chacune de trouver son équilibre et ce qui la rend heureuse !

QU'EST-CE QUE JE CHANGE DANS MA SALLE DE BAIN ?

Voici quelques solutions zéro déchet pour votre salle de bain, valables pour toutes et tous ! N'hésitez pas à réfléchir de votre côté pour savoir si d'autres pourraient vous convenir.

Hygiène corporelle

- Savon solide (type savon de Marseille)
- Déo solide ou fait maison (voir p. 74)
- Oriculi (à la place des Cotons-Tiges)
- Lufa ou gant de toilette (à la place des fleurs de douche)

Laver les cheveux

- Shampoing solide

Nettoyer le visage

- Huile végétale en démaquillant
- Savon solide
- Cotons nettoyants en tissu lavable
- Éponge konjac (compostable)

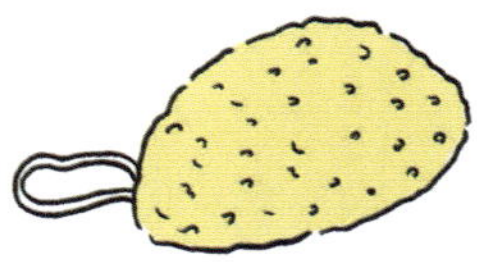

Brosser les dents

- Dentifrice solide ou fait maison (voir p. 75)
- Brosse à dents compostable en bambou/bois ou brosse à dents rechargeable

Prendre soin de mon visage

- Huile végétale
- Aloe vera (à prendre directement de la plante)
- Baume à lèvres maison (voir p. 75)

Prendre soin de mon corps

- Huile végétale
- Crème corps
- Gommage maison (voir p. 74)

Prendre soin de mes cheveux

- Huile végétale pour nourrir les cheveux
- Fécule de maïs (en guise de shampoing sec, voir p. 74)

Me raser

- Rasoir de sûreté
- Savon solide
- Blaireau et savon de barbier pour la barbe

Mes menstruations

- Cup
- Serviettes hygiéniques ou protège-slips lavables

Attention

Attention à ces ingrédients !

Évitez d'acheter des cosmétiques contenant un ou des ingrédients de la liste suivante. Ils sont toxiques pour votre santé et pour l'environnement.

- BHA
- Butylparaben, propylparaben, sodium butylparaben, sodium propylparaben, potassium butylparaben, potassium propylparaben
- Ethylhexyl methoxycinnamate
- Triclosan

- Benzophénone-1, benzophénone-3
- Cyclopentasiloxane, cyclotetrasiloxane, cyclomethicone
- BHT
- Méthylisothiazolinone (MIT), méthylchloroisothiazolinone (MCIT)
- p-Phénylènediamine
- Phénoxyéthanol
- Sodium lauryl sulfate, ammonium lauryl sulfate

Bon plan

Quelques marques où trouver des équivalents zéro déchet :

- **Savon solide :** Rampal Latour, Le Fer à Cheval, Marius Fabre, Mobius, Savonnerie Le Serail
- **Déodorant solide :** Lamazuna, Pachamamai, Schmidt's
- **Shampoing solide :** Lush, Lamazuna, Pachamamai
- **Oriculi :** Abricot et Bergamote, Lamazuna, Avril
- **Cotons lavables :** Les Tendances d'Emma, Kufu, Etsy
- **Dentifrice solide :** Lamazuna, Pachamamai
- **Brosse à dents :** My Boo, Lamazuna, Smiloh, Eco Bamboo
- **Cup :** Dans ma culotte, Diva Cup, Luneale, Moon Cup, Fleur Cup
- **Serviettes hygiéniques lavables :** Dans ma culotte, Plim, Hannah Pad

CoZie : la révolution dans la salle de bain zéro déchet !

On recommande souvent d'utiliser des cosmétiques solides pour être zéro déchet, et ce sont les produits que je vous ai conseillés en priorité.

Mais comment faire quand on veut avoir une salle de bain zéro déchet de cosmétiques liquides ?

CoZie est là pour vous !

Des cosmétiques biologiques, faits en France et unisexe proposés dans des flacons en verre consignés. Elle est pas belle la vie !

De la crème pour les mains, du déodorant, de l'huile visage, du lait corporel, de la crème visage, du démaquillant...

Et désormais la marque propose même ces produits en vrac grâce à une machine de vrac spécialement conçue.

DIY PRODUITS D'HYGIÈNE ET BEAUTÉ

Attention

Lavez bien vos mains et vos ongles, ainsi que votre plan de travail, avant de commencer votre recette, l'hygiène est primordiale !

Shampoing sec

1 c. à s. de fécule de maïs • 1 pinceau à poudre • pour des cheveux foncés, rajouter : 1 c. à c. de cacao ou de café en poudre

1. Mélangez le tout dans un petit récipient.

2. Appliquez le mélange sur les racines des cheveux. Massez le cuir chevelu et laissez reposer 5 minutes.

3. Penchez la tête en avant, secouez les cheveux et brossez-les la tête en avant. Vous voilà avec des cheveux tout frais !

Gommage au sucre

5 c. à s. de sucre fin • 4 c. à s. d'huile végétale (olive, coco, amande douce...) • 1 c. à s. de miel liquide • le jus d'¼ de citron • 1 à 5 gouttes d'huile essentielle : orange, eucalyptus, lavande (optionnel)

1. Mélangez le sucre et l'huile dans un contenant jusqu'à obtention d'une consistance granité, puis ajoutez le miel et le citron. Ajustez jusqu'à ce que la texture vous convienne et ajoutez l'huile essentielle.

2. Appliquez sur le corps en formant des petits ronds tout en évitant la poitrine et le visage.

3. Rincez à l'eau claire.

Gommage anticellulite

4 c. à s. de marc de café • 2 c. à s. d'huile végétale (olive, coco, amande douce...)

1. Mélangez le marc et l'huile et appliquez sur les zones à traiter.

2. Rincez à l'eau claire.

Déodorant

4 c. à c. d'huile de coco • 2 à 3 c. à c. de bicarbonate de sodium ou d'argile blanche • 2 à 3 c. à c. de fécule de maïs • 1 goutte de vitamine E pour la conservation • 5 gouttes d'huile essentielle : tea tree, lavandin, ylang-ylang, palmarosa (optionnel)

1. Au bain-marie, faites fondre dans un bol l'huile de coco.

2. Ajoutez tous les ingrédients, en mélangeant bien pour éviter les grumeaux. La texture doit être crémeuse.

3. Videz dans un contenant hermétique et placez-le au frigo pour solidification.

4. Appliquez le déodorant au doigt sous les aisselles.

Dentifrice

2 c. à s. d'huile de coco • 2 c. à s. d'argile blanche ou de bicarbonate de sodium (légèrement plus abrasif) • 2 gouttes d'huile essentielle de giroflier clou • 2 gouttes d'huile essentielle de menthe des prés ou menthe poivrée

1. Mélangez tous les ingrédients à l'aide d'un touilleur en bois. Par fortes chaleurs, placez la pâte au frigo.

2. Lors du brossage, mettez l'équivalent d'une noisette sur la brosse à dents.

Baume à lèvres

1 c. à c. d'huile végétale (olive, coco, amande douce...) • 1 c. à c. de cire d'abeille ou de soja en petits morceaux • 1 c. à c. de beurre de karité ou de cacao • 1 goutte de vitamine E pour la conservation

1. Au bain-marie, faites fondre la cire jusqu'à ce qu'elle soit bien liquide et sans grumeaux.

2. Incorporez le reste des ingrédients. Attendez que le tout soit bien fondu et uniforme.

3. Versez le produit obtenu dans un petit contenant et appliquez-le au doigt sur les lèvres.

Masque visage purifiant

2 c. à c. d'argile blanche, rouge ou verte • 2 c. à c. d'eau

1. Mélangez le tout dans un petit récipient jusqu'à obtention d'une pâte homogène.

2. Appliquez sur le visage et le cou à l'aide d'un pinceau et laissez poser jusqu'au séchage.

3. Rincez à l'eau tiède.

www.
secondemain.
com

Partie 6

Dans le reste de la maison

Dans cette partie :

- Garde-robe durable : j'aiguise mon style
- Acheter en seconde main ou louer : économique et écologique
- Réparer avant de jeter
- Des enfants zéro déchet, c'est possible ?
- Médor et Minou zéro déchet
- Mon ordi y passe aussi !

« Le meilleur déchet est celui que l'on ne produit pas. »

Anonyme

GARDE-ROBE DURABLE : J'AIGUISE MON STYLE

La mode est une des industries les plus polluantes à ce jour : émissions liées au transport, produits toxiques utilisés pour les cultures et le traitement des tissus, pollution des sols, gâchis dû à la forte saisonnalité des modes...

Conseil

Pour ne plus contribuer à la production de ces déchets liés aux vêtements, il est bien sûr possible d'acheter en seconde main, mais une solution complémentaire consiste à prendre le temps de définir son « vrai » style vestimentaire.

Pour ne plus dépendre des modes et éviter les achats compulsifs liés à une tendance saisonnière, je vous invite à prendre le temps de préciser votre style, de définir ce que vous aimez porter, ce qui vous va le mieux et ce qui vous plaît.

Vous avez sûrement des pièces que vous aimez porter et dans lesquelles vous vous sentez bien, et d'autres que vous portez parce que c'est tendance mais qui ne vous ressemblent pas vraiment... Si vous définissez votre style personnel et acceptez votre taille de vêtements (oui, oui, nous avons toutes et tous gardé un jean au cas où le régime miracle serait découvert !), vous pourrez vous créer une garde-robe durable, car elle vous plaira sur le long terme.

En plus, cela vous permettra d'investir dans des pièces de meilleure qualité afin qu'elles puissent durer plusieurs années. En général, quand on succombe à une mode très pointue, on finit par acheter une pièce dans un magasin de *fast-fashion*, et au bout de 3 lavages ou de 3 mois, ce sera poubelle...

Au fond de vous, vous savez ce que vous aimez porter et ce que vous avez plaisir à voir sur vous. Il suffit juste d'assumer !

« The true cost »

Je vous recommande de regarder ce documentaire (visible sur Netflix, ou facile à trouver sur Internet en téléchargement légal) qui analyse les répercussions de la mode à différents endroits de la planète.

Il ne vous laissera pas de glace, et vous ne regarderez sûrement plus jamais une grande enseigne comme avant !

À quoi ressemble mon dressing ?

Ce test va vous permettre de faire le point sur votre garde-robe et de voir si elle est durable ou non.

1. Est-ce que je me sens un(e) *fashion addict* ?

★ Pas du tout, j'ai mon style et ça me suffit.

■ Chaque saison une nouvelle garde-robe !

○ Je suis uniquement les modes qui me plaisent.

2. Combien de vêtements (hors sous-vêtements, chaussettes) de plus de 5 ans comporte ma garde-robe ?

■ Moins de 5.

○ Entre 5 et 20.

★ Plus de 20.

3. Combien ai-je de vêtements que je ne porte pas : que je n'aime pas, ce n'est pas ma taille actuelle (hors grossesse), que je garde au cas où ?

○ Entre 5 et 20.

■ Plus de 20.

★ Moins de 5.

4. Combien de paires de chaussures je possède ?

○ Entre 5 et 15.

★ Entre 1 et 5.

■ Plus de 15.

5. Combien de paires de chaussures je porte réellement et régulièrement ?

■ Même pas la moitié.

★ Toutes.

○ Presque toutes, mais j'ai surtout mes favorites, qui me collent aux pieds.

6. La phrase « je n'ai rien à me mettre » :

★ J'ai dû me la dire une fois…

■ Je me la dis chaque matin et je finis par être en retard au travail.

○ Ça m'arrive de me la dire pour au final toujours mettre la même chose.

7. Les vêtements neufs de *fast-fashion* représentent :

❍ Environ ⅓ de mon dressing.
★ Moins de 5 pièces.
■ Plus des ⅔ de mon dressing.

8. Les vêtements d'occasion représentent :

■ Moins de 5 pièces.
❍ Moins de 15 pièces.
★ Plus de 15 pièces.

9. Mon budget habillement, accessoires et chaussures représente par mois :

★ Moins de 80 €.
■ Plus de 200 €.
❍ Entre 80 et 200 €.

10. Allez, juste pour le kiff du calcul ! Combien je possède de vêtements et chaussures ?

❍ Entre 50 et 150.
■ Plus de 150.
★ Moins de 50.

Résultats

★	❍	■

Vous avez une majorité de ★

Une garde-robe minimaliste, conçue comme durable, à votre goût : bravo, beau travail !

Avouez que c'est agréable de n'avoir que des choses que l'on aime ? Je suis sûre que vous n'avez jamais connu la corvée de choisir ses vêtements le matin !

En tout cas, continuez ainsi, vous avez une belle garde-robe aiguisée et zéro déchet.

Restez avec moi, car dans les pages suivantes je vais vous donner des bonnes adresses pour trouver vos futurs vêtements d'occasion.

Vous avez une majorité de ❍

Vous aimez la mode, mais vous connaissez votre style ! Vous savez ce qui vous va, mais vous êtes encore un peu tiraillé(e) entre le besoin de vous épanouir complètement dans votre style et les sirènes de la mode. Ce qui est bien, c'est que vous avez déjà des notions de garde-robe durable, voir éthique.

Laissez-vous le temps nécessaire, essayez de plus consommer de seconde main, d'acheter moins mais de meilleure qualité, de choisir des choses qui vous plaisent vraiment, et vous réussirez à aiguiser votre style.

Vous avez une majorité de ■

Bravo d'avoir fait le premier pas vers un nouveau mode de vie zéro déchet en achetant ce cahier. Comme on le dit souvent, il faut bien commencer quelque part ! Vous êtes un peu la Carrie Bradshaw ou le Barney Stinson de la mode et vous êtes un peu accro aux tendances. Malheureusement (ou heureusement), si vous êtes ici à faire ce test, c'est que cela ne vous convient plus et que vous voulez changer.

Pas de panique, le temps fera les choses, il n'y a pas d'urgence. Essayez de voir ce qui vous plaît vraiment dans votre garde-robe, ce que vous mettez vraiment et qui vous va bien (la section « Je garde ou je m'en sépare ? », de la partie 3 (p. 42), va vous aider). Et allez fouiner dans les bonnes adresses de seconde main type Vinted pour trouver d'occasion des perles. À vous la garde-robe durable !

ACHETER EN SECONDE MAIN OU LOUER : ÉCONOMIQUE ET ÉCOLOGIQUE

Adopter un mode de vie zéro déchet ne veut pas dire ne plus rien consommer du tout ! Cela fait aussi partie des idées reçues que de penser que l'on se coupe du monde et que l'on ne fait plus marcher l'économie.

Voici 5 raisons de ne plus acheter du neuf ou de louer :

1. On fait des économies qui ont un effet direct sur nos finances.
2. On évite d'extraire de nouvelles matières premières pour créer un objet neuf, on évite donc le gaspillage.
3. On participe à une économie à laquelle on croit : l'économie circulaire, plus créatrice d'emplois que l'économie linéaire.
4. On réduit notre émission de CO_2 et on protège l'environnement, car aujourd'hui c'est la fabrication d'un objet neuf qui pollue le plus.
5. On accède à des produits de qualité que l'on n'aurait peut-être pas pu s'offrir en neuf.

Défi « Rien de neuf » durant 1 an

Le défi « Rien de neuf » est un grand challenge collectif lancé par Zero Waste France pour explorer d'autres modes de consommation.

Tout au long de l'année 2018, les participants s'engagent à systématiquement rechercher une alternative aux produits neufs : location, achat d'occasion, prêt, réparation, don ou encore mutualisation. L'objectif est de changer de réflexes et de trouver des moyens de s'équiper, s'habiller ou faire des cadeaux, qui soient à la fois meilleurs pour l'environnement, pour l'emploi et pour la qualité de vie.

Chaque semaine, on fait le point : « Rien de neuf ? », c'est la question qui va rythmer le défi tout au long de l'année, pour partager les obstacles rencontrés, les trouvailles et les petites victoires du quotidien ! Un groupe Facebook a même été créé pour que les participants se soutiennent et échangent des bons plans.

Tout d'abord avant d'acheter (même en seconde main) ou de louer, posez-vous quelques questions :

- Est-ce que j'en ai vraiment besoin ? Est-ce une pulsion ?
- Est-ce que je n'aurais pas un autre objet qui pourrait très bien faire l'affaire à la place ?
- Est-ce que je ne pourrais pas l'emprunter à un proche ?

Voyez-vous d'autres questions à vous poser ?

____

____

Qu'avez-vous récemment acheté en seconde main ?

____

____

Qu'avez-vous récemment loué ?

____

____

Bon plan

Une liste d'adresses qui va pouvoir vous aider		
Je veux	**Acheter en seconde main**	**Louer**
Vêtements	**Brocantes et vide-greniers :** *www.vide-greniers.org ou se renseigner auprès de sa mairie* **Ressourceries :** *www.ressourcerie.fr* **Emmaüs :** *www.emmaus-france.org* **Vide-dressing organisé :** *www.vide-dressing.org* **Vinted :** *www.vinted.fr ou application sur Android et IOS* **Le Bon Coin :** *www.leboncoin.fr ou application sur Android et IOS* **Videdressing :** *www.videdressing.com* **Percentil :** *www.percentil.fr* **Vestiaire Collective :** *www.vestiairecollective.com*	**Tale Me (femme enceinte) :** *www.taleme-shop.com* **Les Cachotières :** *www.lescachotieres.com* **L'Habibliothèque :** *www.lhabibliotheque.com* **Le Closet :** *www.lecloset.fr*
Livres	**Brocantes et vide-greniers :** *www.vide-greniers.org ou se renseigner auprès de sa mairie* **Ressourceries :** *www.ressourcerie.fr* **Emmaüs :** *www.emmaus-france.org* **Recyclivre :** *www.recyclivre.com*	**Bibliothèque municipale**
Électroménager et électronique	**Envie :** *www.envie.org* **Back Market :** *www.backmarket.fr* **Le Bon Coin :** *www.leboncoin.fr ou application sur Android et IOS*	**Zilok :** *www.zilok.com* **Commown :** *www.commown.fr*

Objets divers	**Le Bon Coin :** *www.leboncoin.fr ou application sur Android et IOS*	**Zilok :** *www.zilok.com* **AlloVoisins :** *www.allovoisins.com*
Meubles	**Ressourceries :** *www.ressourcerie.fr* **Emmaüs :** *www.emmaus-france.org* **Le Bon Coin :** *www.leboncoin.fr ou application sur Android et IOS* **Brocante Lab :** *www.brocantelab.com*	
Enfants	**Rejoué (uniquement IDF) :** *www.rejoue.asso.fr* **Sokyoot :** *application sur Android et IOS* **Le Petit Marché :** *www.lepetitmarche.com* **Go Slighter :** *www.goslighter.com*	**Tale Me (vêtements) :** *www.taleme-shop.com* **Ludothèque municipale** **Ma Petite Couche :** *www.mapetitecouche.fr* **Le Petit Marché :** *www.lepetitmarche.com* **Baby Tems :** *www.babytems.fr* **Loue ta poussette :** *www.louetapoussette.com* **Kidelio :** *www.kidelio.com* **Go Slighter :** *www.goslighter.com*

RÉPARER AVANT DE JETER

Le réflexe « ça ne fonctionne plus = je jette/change » est devenu un de nos gestes les plus courants de nos jours.

Et quel dommage ! Quand on sait que bien souvent c'est réparable par soi-même ou par un professionnel.

Oui, c'est vrai, quelquefois, passer par un professionnel coûte presque aussi cher que de racheter un objet neuf… Mais n'oubliez pas tout ce qu'on s'est dit avant sur l'importance d'essayer de conserver les ressources naturelles au maximum !

Réparer avant de jeter, c'est aussi faire un beau pied de nez à l'obsolescence programmée et au SAV périmé 2 jours avant la panne (comme par hasard !).

Bon plan

Quelques adresses pour réparer vos objets	
Par vous-même #macgyver	www.sosav.fr www.repaircafe.org : *atelier à disposition ou cours d'apprentissage* www.spareka.fr www.commentreparer.com
Par un pro	www.annuaire-reparation.fr www.repaircafe.org : *avec l'aide d'un pro*
Par un voisin qui s'y connaît	www.allovoisins.com

DES ENFANTS ZÉRO DÉCHET : C'EST POSSIBLE ?

Impossible, vous allez me dire ? Bon ok, il est peut-être un petit peu plus compliqué pour des enfants d'être zéro déchet, surtout dans le quotidien. Comme d'habitude on n'est pas là pour se frustrer, chacun fait ce qu'il peut et à son rythme. Il n'y a pas de tribunal du zéro déchet qui va vous juger si vous achetez un gadget inutile à votre enfant ou si vous utilisez une couche jetable !

Dans la section « Acheter en seconde main ou louer : économique et écologique » (p. 82), je vous ai déjà donné une liste d'adresses et de bons plans pour consommer malin pour les enfants ou louer certains objets.

En plus de ces adresses, l'autre astuce est de passer au « tout lavable ». Quand je parle de tout lavable, je parle surtout des cotons utilisés pour le change, des débarbouillettes pour la toilette et bien entendu… des couches !

Bon plan

Je vous entends d'ici : « Mais c'est dégueu les couches lavables, je ne veux pas de caca dans ma machine à laver ! » Je vous rassure de suite, les couches lavables d'aujourd'hui ne sont pas celles de nos grands-parents, elles sont bien plus évoluées. **La bonne adresse pour en savoir plus :** *www.apinapi.fr*

À retenir

Quelques chiffres : les couches, de la naissance à la propreté

Jetables	Lavables
• 1 tonne de déchets • environ 6 000 couches à acheter • entre 800 et 1 700 € de couches • utilisables pour un seul enfant • 4 300 m³ d'eau pour la fabrication • composants issus du pétrole + perturbateurs endocriniens (couches biologiques à privilégier)	• 5 à 10 kg de déchets biodégradables • environ 25 couches réutilisables à l'achat • entre 400 et 700 € • réutilisables pour l'enfant suivant • 2 000 m³ pour la fabrication et le lavage • matières souvent biologiques

Recette DIY

Liniment maison pour le change

Pour 250 ml

125 ml d'eau de chaux • 125 ml d'huile végétale biologique : olive, amande douce, noyau d'abricot • 1 c. à s. de cire d'abeille

1. Faites fondre la cire d'abeille au bain-marie.
2. L'ajoutez à l'huile d'olive, puis versez l'eau de chaux hors du feu.
3. Fouettez le tout quelques minutes.

Attention

Le temps de conservation est d'environ 1 mois, donc pas la peine d'en préparer une quantité astronomique !

Bon plan

Tale Me : louer des vêtements

Tale Me est le premier dressing à louer pour la maternité (grossesse et allaitement) et les enfants de 0 à 6 ans. Deux périodes de la vie au cours desquelles les vêtements sont très peu longtemps portés.

Plutôt que d'acheter, d'accumuler, de jeter... Tale Me propose une nouvelle façon de consommer de manière éthique et durable sans mettre de côté la mode et les tendances.

Les vêtements proviennent de créateurs et de marques respectueuses de l'environnement et des hommes. Made in Europe ou Fair Trade, les vêtements sont canon et de qualité exceptionnelle.

MÉDOR ET MINOU ZÉRO DÉCHET

Eh oui, on ne va pas les oublier ceux-là ! Nous pouvons très bien avoir des animaux de compagnie zéro déchet et je vais aborder ici 3-4 points concernant les compagnons les plus présents en France : le chien et le chat.

La litière du chat

À retenir

Il existe aujourd'hui plusieurs types de litières, mais la seule et unique qui soit biodégradable est la litière végétale à base de copeaux de bois.

La marque proposant cette litière est Oko Plus. Elle utilise du bois de sapin et d'épicéa non traité. Ce bois est produit continuellement. Son exploitation contribue à la préservation de forêts naturelles.

Comme cette litière est agglomérante, une fois qu'elle est souillée d'excréments, vous n'avez qu'à enlever à l'aide d'une pelle les déchets, que vous pouvez mettre directement dans vos toilettes classiques (par petites quantités, s'il y en a beaucoup). Les copeaux de la litière vont se dissoudre tout seuls au contact de l'eau, sans aucun risque pour les canalisations.

La litière se change toutes les 7 semaines et vous pouvez composter ce qui reste dans un composteur bac à part de celui habituel (hors excréments, qui peuvent être toxiques). Ce composteur, séparé de celui que vous utilisez habituellement, servira à produire du compost qui n'ira pas sur des plantes alimentaires.

Attention

Il n'est pas conseillé de mettre votre litière dans le lombricomposteur, je vous recommande donc de jeter ce qu'il reste ou bien de le mettre petit à petit aux toilettes après chacun de vos passages.

Les excréments du chien

Le meilleur moyen de vous débarrasser des excréments de votre chien en ville est de prendre avec vous durant votre balade un petit seau et un gant pour les ramasser et de les mettre dedans. Une fois à la maison, vous pouvez tout mettre dans vos toilettes.

Si cela ne vous tente pas du tout, essayez de prendre un sac papier plutôt qu'un sac plastique pour ramasser les déchets, ce sera déjà ça !

Les croquettes et pâtés

Pour les croquettes, vous pouvez en trouver en vrac dans toutes les épiceries Day by Day de France et éventuellement dans d'autres épiceries vrac.

Concernant les pâtés, je vous recommande de privilégier les emballages recyclables comme les conserves en aluminium.

Et si le cœur vous en dit, vous trouverez plein de recettes de biscuits ou de pâtés sur Internet !

MON ORDI Y PASSE AUSSI : STOP À LA POLLUTION NUMÉRIQUE

Eh oui, on ne pense pas vraiment à la pollution numérique. On se dit qu'en dématérialisant l'ensemble, qu'en envoyant des mails au lieu de courriers papier, on évite la déforestation et qu'ainsi on protège la planète ! Bon, ce n'est pas totalement faux, mais il faut savoir que le numérique consomme beaucoup d'énergie et de ressources naturelles.

Pourquoi ? Eh bien, tout simplement parce que l'envoi et le stockage de mails consomment du CO_2. Quand on envoie un e-mail ou que l'on poste une photo ou une vidéo sur Internet, ces infos passent par des millions de kilomètres de câbles ou fibres optiques, puis aboutissent dans d'immenses data centers qui traitent, stockent ou réorientent nos données. Ces centres fonctionnent 24 heures sur 24 et ont une climatisation permanente afin d'éviter la surchauffe.

À retenir

Quelques chiffres :

- les data centers de Google consomment autant d'énergie qu'une ville comme Bordeaux ;
- sur une année une entreprise de 100 personnes serait responsable à travers ses mails de 13 tonnes d'équivalent CO_2, l'équivalent de 13 vols A/R Paris - New York ;
- 30 mails conservés pendant 1 an consomment autant qu'une ampoule allumée pendant 24 heures ;
- 33 mails envoyés à 2 destinataires = 180 kg de Co_2, soit 1 000 km effectués en voiture.

Sachant qu'en moyenne le salarié d'une entreprise reçoit 58 mails par jour et en envoie 33, il est temps que chacun fasse un petit *e-cleaning* dans son quotidien !

Quelques astuces pour réduire votre impact :

- faites un tri dans vos mails, ne gardez que l'essentiel et surtout supprimez ceux qui possèdent des pièces jointes très lourdes, les versions intermédiaires de documents ou les documents déjà archivés sur votre ordinateur ;
- désabonnez-vous des newsletters que vous ne lisez pas et que vous envoyez directement à la corbeille ;
- évitez de toujours mettre 10 personnes en copie de vos e-mails ;
- réduisez vos envois avec pièces jointes ;
- videz régulièrement votre corbeille ou vos historiques de chat ;
- sur Google Drive évitez de garder des images ou vidéos, enregistrez-les plutôt sur votre ordinateur, avant de les supprimer du Drive.

Voici donc une façon différente, simple et efficace de réduire votre impact et d'adopter une attitude numérique écologique, zéro déchet et minimaliste !

#zero
dechet
Green

Partie 7

À l'extérieur de chez moi

Dans cette partie :

- Un sac à main ou à dos zéro déchet
- Se déplacer plus écologiquement
- Au bureau
- En voyage
- Avoir une main verte zéro déchet
- Les évènements festifs de la vie

« Lorsqu'une chose évolue, tout ce qui est autour évolue de même. »

Paolo Coelho

Le zéro déchet n'est pas une simple histoire de bocaux et de poubelle, ça va beaucoup plus loin si on le veut. On peut agir sur tous les aspects de sa vie ainsi qu'à l'extérieur de chez soi : dans votre sac du quotidien, lorsque vous vous déplacez, au bureau, en voyage, dans votre jardin et lors des évènements festifs.

Et puis d'autres seront sûrement incités à se lancer à leur tour, quand ils vous verront agir en mode zéro déchet. Il faut souvent l'exemple de quelqu'un qui le fait avec le sourire pour avoir envie de s'y mettre aussi.

UN SAC À MAIN OU À DOS ZÉRO DÉCHET

Si vous gardez quelques ustensiles zéro déchet dans votre sac à main ou sac à dos du quotidien, vous pourrez dans différentes situations éviter de produire des déchets.

Pas la peine de se charger comme une mule, quelques petits trucs suffisent pour réagir en mode zéro déchet. La Wonder Woman ou le Superman du zéro déchet que vous êtes sera ainsi prêt(e) à affronter les grands méchants déchets !

Voici une petite liste des essentiels à avoir avec soi, ainsi que les options.

Essentiels :

- une petite gourde : vous évitera d'acheter de l'eau en bouteille ;
- 1 ou 2 sacs à vrac en tissu : pour acheter votre sandwich ou faire des courses imprévues en rentrant le soir ;
- 1 mouchoir en tissu : basta les mouchoirs en papier ;
- 1 sac de course pliable : non, non, non au sac plastique à la caisse.

Options :

- une serviette en tissu : pour refuser les serviettes papier au restaurant ;
- des couverts de voyage : pour éviter les couverts en plastique si vous mangez dehors ;
- une paille en acier : vive les apéros de dernière minute sans paille en plastique ;
- un petit pot de graines d'anis à mâchouiller : adieu les chewing-gums.

Je liste les principaux moments de ma journée où, n'étant pas chez moi, je produis des déchets :

Matin :

____

____

____

Déjeuner :

____

____

____

Après-midi :

____

____

____

Soirée :

____

____

____

SE DÉPLACER PLUS ÉCOLOGIQUEMENT

Ce n'est pas une grande nouveauté pour vous si je vous dis que certaines façons de se déplacer ne sont pas hyper-écologiques et donc pas vraiment zéro déchet…

Bien entendu, vous avez compris que je parle là de prendre l'avion toutes les semaines ou la voiture tout seul pour faire 1 km alors que d'autres solutions existent.

Il est évident que si vous n'avez pas d'autre choix, vous prendrez l'avion ou votre voiture ! Ce n'est pas non plus la fin du monde, surtout si vous habitez à la campagne ou si vous prenez l'avion ponctuellement !

C'est juste que s'il existe d'autres solutions pour vous, je vous invite à y réfléchir. En plus de faire un petit geste pour l'environnement, vous y gagnerez sûrement en termes de coût.

Conseil

Quelques alternatives plus écolo à la voiture et à l'avion

Voiture	**Prenez les transports en commun** Plus écologiques, plus économiques et plus sûrs, ils vous permettront même de profiter du temps imposé par le transport pour écouter de la musique ou lire un bouquin. **Faites du covoiturage** – Soit avec des collègues ou voisins qui vont dans la même direction ; – Soit avec des inconnus que vous sélectionnerez sur Bla Bla Car (*www.blablacar.fr*), ce qui vous permettra d'économiser une partie des frais liés au trajet (essence, péage...). **Louez** Si vous utilisez très rarement votre voiture, pourquoi ne pas la revendre et penser à louer quand le besoin se fait sentir ? Pas la peine d'aller forcément chez des loueurs officiels, les sites Koolicar (*www.koolicar.com*) et Drivy (*www.drivy.com*) vous proposent de louer à des particuliers à des prix très concurrentiels. L'autopartage est aussi une solution pour ceux qui utilisent très peu souvent la voiture. **Prenez un vélo** C'est le moyen de transport le plus rapide en ville : dès que la distance à parcourir est comprise entre 1 et 5 km, le vélo est imbattable. N'oubliez pas les vélos en libre service, il y en a sûrement dans votre ville. Rien de tel pour se muscler les guiboles ! **Marchez** D'abord, parce que c'est excellent pour votre santé : réduction des risques de cancers et du taux de mortalité, meilleure endurance, meilleure condition physique. Et ensuite, parce que c'est bon pour le moral : rien de tel pour se vider la tête ou se couper d'une journée difficile que de marcher, c'est un peu comme méditer !
Avion	**Prenez le train** Pour des trajets en France ou dans les pays voisins, le train s'avère être le moyen le moins gourmand en CO_2. **Et pourquoi pas le bus ?** Pour parcourir la France ou l'Europe, de nombreuses sociétés de bus proposent désormais des trajets tout confort avec prise électrique et wifi à bord (*www.ouibus.com*). **Privilégiez les vols sans escale** Les décollages et atterrissages consomment énormément de carburant, donc si possible pas d'escale.

Je m'engage à tester prochainement une alternative

Pour mon trajet au travail :

Pour aller faire les courses :

Pour aller chez des amis ou la famille :

Pour mon prochain déplacement professionnel :

Pour mon prochain voyage :

AU BUREAU

Aaaaah, le bureau ! Ce lieu où l'on imprime des centaines de feuilles blanches, pour les ranger dans des classeurs avant de tout mettre au recyclage au mieux, ou à la corbeille à papier au pire...

Ce lieu où l'on cumule 70 stylos publicitaires en plastique et autres gadgets récupérés à des salons, évènements, réunions ou offerts par des clients.

Ce lieu où l'on utilise 3 à 5 gobelets de plastique quand on va à la machine à café et où l'on reçoit des dizaines de mails en copie avec des pièces jointes très lourdes...

Bon, ok, je vous tire un portrait pas très réjouissant, mais on n'en est pas loin, non ? Vous l'aurez compris, être zéro déchet au travail, ce n'est pas des plus évidents, surtout lorsque l'on est confronté aux regards curieux des collègues !

Et pourtant voici la liste des habitudes toutes simples que vous pouvez mettre en place facilement :

- remplacez vos gobelets jetables par un mug que vous apporterez de chez vous ;
- prenez une gourde avec vous pour boire la journée ;
- imprimez uniquement l'essentiel ;
- faites un *e-cleaning* sur votre ordinateur professionnel également (voir partie 6, « Mon ordi y passe aussi : stop à la pollution numérique », p. 88) ;
- dites non aux gadgets gratuits qui ne vous serviront à rien ;
- pensez à avoir votre kit zéro déchet avec vous pour les déjeuners à l'extérieur ou à la cantine si besoin (voir, dans cette partie 7, « Un sac à main ou à dos zéro déchet », p. 92) ;
- remplacez vos stylos en plastique par un stylo-plume à pompe rechargeable ;
- remplacez vos surligneurs en plastique par des crayons en bois surligneurs (Stabilo Boss®) ;
- préférez les crayons de papier que l'on peut tailler aux porte-mines jetables.

Conseil

Agissez au bureau

Qui ne demande rien n'a rien ! Si l'environnement de travail ne vous convient pas, pourquoi ne pas en parler à votre responsable afin de prendre des mesures zéro déchet qui plairaient à tous ?

Proposez-lui d'installer un composteur ou de quoi recycler les déchets si ce n'est pas déjà fait. Ou d'investir un petit peu d'argent pour offrir à chaque employé(e) un mug ou une gourde à l'effigie de la société.

Pourquoi ne pas choisir du papier à base de fibres recyclées à la place du papier blanc classique, ou encore proposer une petite prime ou cadeau à celui qui aura le moins imprimé sur un semestre.

Si le cœur vous en dit, organisez un petit apéro zéro déchet afin de montrer que c'est possible d'être festif et gourmand sans produire de déchets.

N'hésitez pas à répondre aux interrogations de vos collègues sur vos nouveaux agissements, mais ne vous braquez pas s'il y a des remarques stupides ! Au fond on s'en moque, c'est pour vous que vous le faites, pas pour plaire aux autres !

EN VOYAGE

Que l'on voyage en France ou à l'autre bout du monde, il est possible de le faire avec des réflexes zéro déchet. On garde les bonnes habitudes !

Le voyage doit être perçu de manière plus écologique, comme un moment d'échange avec les habitants locaux, un moment d'apprentissage des uns et des autres. De plus, cela témoigne d'un respect envers le lieu ou le pays que l'on visite.

C'est pour cela que voyager de manière zéro déchet est un bon moyen de montrer l'exemple sur place mais aussi auprès des autres touristes.

Conseil

Voici quelques astuces pour voyager zéro déchet :

- **Dans l'avion :** utilisez vos couverts de voyage plutôt que ceux qui sont jetables ; remplissez votre gourde après les contrôles de sécurité dans les toilettes ; tendez votre mug si vous souhaitez une boisson dans l'avion.

  Pour info : les repas fournis dans l'avion sur les long-courriers seront jetés à l'atterrissage et il n'est pas possible pour le moment de les refuser à l'avance au moment de la réservation ; du coup, pour éviter le gaspillage, préférez manger ce repas gratuit, car son emballage produira un déchet, qu'il soit vide ou rempli !

- **À l'hôtel :** il n'est pas nécessaire que l'on vous change les draps et serviettes chaque jour ! Cela entraîne un tel gaspillage d'eau et de détergent, d'autant plus que chez vous vous ne les changez pas chaque matin. Mettez le carton « Ne pas déranger » sur votre porte et on ne touchera pas à votre chambre. Refusez les petits gadgets d'hygiène jetables dans la salle de bain, vous avez déjà sûrement tout ce qu'il vous faut dans votre trousse de toilette.

- Faites attention aux moyens de transport que vous utilisez pour vous rendre sur place et pour vous déplacer une fois arrivé(e) (voir, dans cette partie, « Se déplacer plus écologiquement », p. 93).

- Prenez une gourde ou une gourde filtrante pour boire de l'eau du robinet sans risques et sans déchets (la gourde Lifestraw est parfaite pour voyager).

- Prenez un kit zéro déchet avec vous (voir, dans cette partie, « Un sac à main ou à dos zéro déchet », p. 92) :
  - vous pourrez rajouter à ce kit un bocal mug fermable, pour boire sur place vos boissons sans avoir recours aux gobelets en plastique, ou l'utiliser comme contenant pour faire des courses en vrac ;
  - ajoutez éventuellement un contenant léger, en acier par exemple, afin d'y mettre vos repas ou vos courses si besoin.

- Faites vos courses dans les marchés locaux plutôt que dans les supermarchés : c'est moins cher, vous découvrirez la vraie gastronomie locale, le plus souvent sans emballage.

- N'ayez pas peur de refuser les emballages / pailles / sacs plastique / tickets de caisse à l'étranger : au pire on ne comprendra pas votre démarche et au mieux vous aurez éveillé la curiosité de quelqu'un !

- Voyagez léger et minimaliste pour ne pas avoir à enregistrer vos bagages en soute et éviter les étiquettes bagages autocollantes.

- Voyagez différemment en vous intéressant aux initiatives écologiques et durables du lieu et en les encourageant ; un petit coup de pouce ne fait jamais de mal.

- Téléchargez l'application gratuite Maps.me, qui vous permettra d'avoir des cartes très détaillées sur votre smartphone, avec GPS gratuit et hors ligne.

- Téléchargez des guides de voyage électroniques que vous pourrez lire sur votre smartphone ou pensez à emprunter à la bibliothèque votre guide papier.

- N'imprimez pas vos billets d'avion, il suffit de donner votre passeport au comptoir pour qu'on vous retrouve dans la liste des passagers.
- Privilégiez également les *boarding pass* électroniques à présenter sur votre smartphone quand vous vous enregistrez à l'avance, au lieu d'imprimer.
- Enregistrez vos confirmations d'hôtel sur votre smartphone également (l'application Wallet sur iPhone est top).

Un tour du monde zéro déchet

Allez, je vais vous parler un peu de moi !

En 2016 je suis partie avec mon compagnon faire un tour du monde zéro déchet de 8 mois à travers 18 pays et nous avons réussi à ne produire que 2,6 kg de déchets à deux durant ce voyage.

Eh oui, c'est possible, surtout grâce aux astuces que je vous ai données ci-dessus mais aussi grâce au fait que si on ouvre bien les yeux, le vrac et le sans emballage à usage unique sont partout !

À travers ce voyage, en plus de réaliser notre rêve tout en comptant laisser l'empreinte la plus petite possible sur la planète, nous souhaitions faire passer d'autres messages.

Tout d'abord, nous voulions montrer que vivre zéro déchet n'était pas quelque chose de bobo réservé à des citadins et qu'il était possible de consommer et d'agir zéro déchet partout ailleurs dans le monde, dans des pays tous très différents. Voyager de façon responsable et durable est accessible à tous.

Notre autre message était de montrer qu'à travers le monde il existe énormément d'initiatives écologiques et que nous ne sommes pas seuls à agir pour faire changer les choses. Souvent on peut se sentir isolé ou démotivé à la pensée d'être le seul à agir, et nous voulions juste montrer que les personnes décidées à changer les choses sont simplement dispersées mais bien réelles.

Ce tour du monde nous a confortés dans l'idée que le monde est magnifique et qu'il est très important de le préserver.

Pour en savoir plus, rendez-vous sur mon blog : *www.luizzati.com*

AVOIR UNE MAIN VERTE ZÉRO DÉCHET

Que vous ayez un grand jardin ou un petit bac à fleurs, il est possible d'agir de manière zéro déchet sur vos végétaux.

Je vous ai expliqué dans la partie 4 (section « Composter », p. 59) comment revaloriser vos déchets organiques et utiliser le compost pour fertiliser vos plantations. Vous y trouverez de nombreuses informations sur la réalisation d'un compost.

Petite recette DIY

Attention

Évitez les produits toxiques pour repousser les nuisibles et préférez une recette naturelle !

Insecticide naturel

1 bouteille de pulvérisateur

1 litre d'eau chaude • 20 ml de savon noir mou • 10 ml d'huile de neem • 1 c. à c. de bicarbonate de soude

1. Dans une bouteille ou un contenant avec pulvérisateur, mettez le savon noir, l'huile de neem et le bicarbonate.

2. Versez l'eau très chaude et mélangez.

Conseil

Attendez que le mélange soit froid pour le pulvériser sur les plantes. Faites-le plutôt le soir pour éviter que les feuilles enduites ne cuisent au soleil.

À retenir

Le savon noir agit contre les araignées rouges, chenilles et pucerons. L'huile de neem est un antibactérien et un insecticide naturel efficace contre les insectes, les champignons, et c'est aussi un répulsif contre mouches et moustiques. Cette huile est sans danger pour les coccinelles et les abeilles. Quant au bicarbonate, c'est un fongicide et un antibactérien.

La permaculture

La permaculture est une méthode créée en 1978 mais qui se base sur des techniques vieilles comme le monde. C'est une philosophie dont le but est de prendre soin de la nature, des hommes et de partager équitablement les terres.

C'est une manière de concevoir des cultures, des lieux de vie autosuffisants, respectueux de l'environnement et des êtres vivants, en s'inspirant du fonctionnement des écosystèmes et des savoir-faire traditionnels. Elle permet d'augmenter la surface cultivable, de jardiner sans se baisser, et de multiplier les microclimats, avec des zones ensoleillées, ou d'autres plus humides. Voilà une bonne manière pleine de bon sens de « jardiner » éthique et de protéger notre environnement.

LES ÉVÈNEMENTS FESTIFS DE LA VIE

Quelles alternatives zéro déchet pour tous ces joyeux moments que nous partageons avec nos amis, familles et proches ? Surtout si eux-mêmes ne sont pas vraiment zéro déchet...

Conseil

Quelques occasions festives et les alternatives		
Occasions	**Avant**	**Après**
Noël	• papier cadeau jetable • cadeaux matériels inutiles ou non durables • cadeaux neufs • décoration de table en plastique • sapin de Noël non durable	• emballage en tissu (furoshiki, voir p. 102) • cadeaux dématérialisés : bon pour un massage, un cours de cuisine, 2 heures de ménage, 1 mois d'abonnement au cinéma • cadeaux durables, zéro déchet, fait maison ou éthique • cadeaux de seconde main • décoration de table végétale et compostable : pommes de pin, houx, branches de sapin • sapin de Noël fait maison réutilisable (vous trouverez des idées sur Pinterest), ou alors un sapin en plastique réutilisable, ou encore un sapin issu de forêts éco-gérées
Soirée chez des amis	• boissons en emballages jetables • apéro tout emballé • bouquet de fleurs coupées	• vin acheté en vrac ou en bouteilles consignées • bières en bouteilles consignées • jus de fruits en bouteilles en verre • cake fait maison pour l'apéro • olives achetées en vrac • petits légumes à croquer achetés chez le primeur • saucisson, charcuterie et fromage du boucher et fromager • bouquet ou corbeille maison de fruits et/ou légumes

Anniversaire	• cadeaux matériels inutiles ou non durables • cadeaux neufs • papier cadeau jetable	• cadeaux dématérialisés : bon pour un massage, un cours de cuisine, 2 heures de ménage, 1 mois d'abonnement au cinéma • cadeaux durables, zéro déchet, fait maison ou éthique • cadeaux de seconde main • emballage en tissu (furoshiki, voir p. 102)
Pique-nique	• boissons en emballages jetables • apéro tout emballé • produits tout préparés suremballés • chips en paquet	• vin acheté en vrac ou en bouteilles consignées • bières en bouteilles consignées • jus de fruits en bouteilles en verre • cakes ou salades faits maison • olives achetées en vrac • cacahuètes ou petits biscuits achetés en vrac • petits légumes à croquer achetés chez le primeur • saucisson, charcuterie et fromage du boucher ou fromager • couverts, assiettes et serviettes réutilisables • gourde d'eau

Techniques de pliage d'emballage furoshiki

1

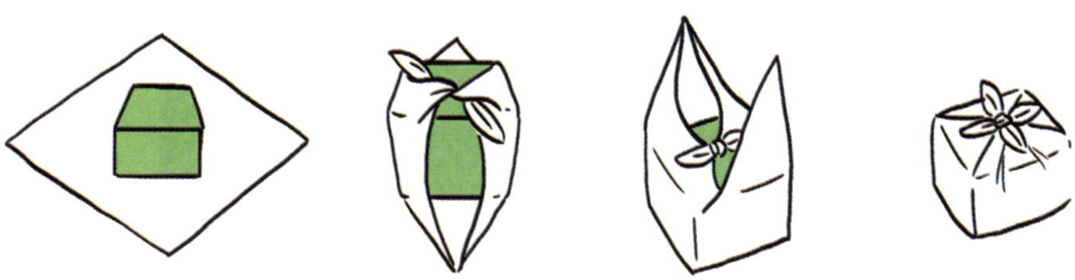

2

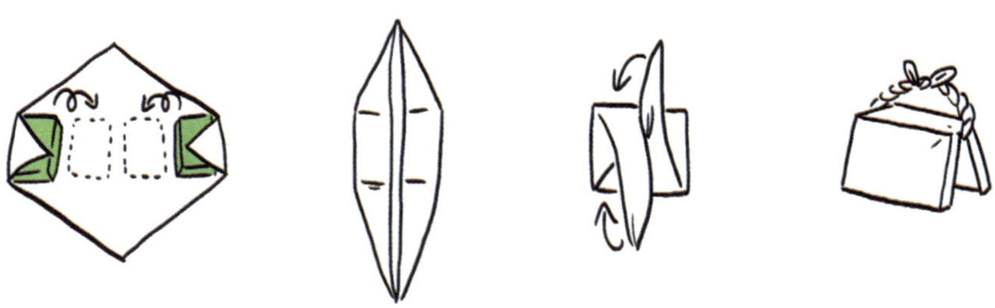

3

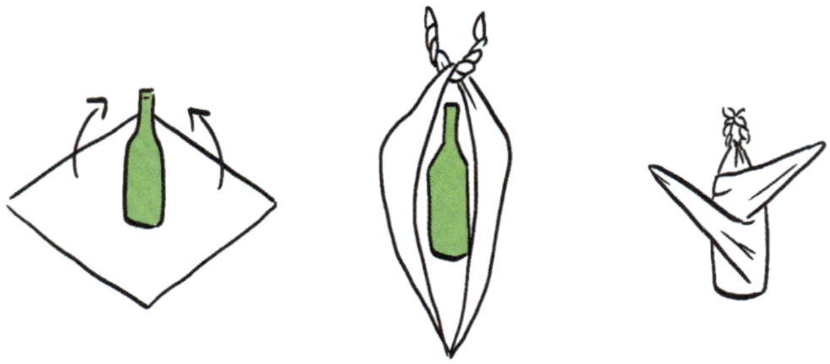

4

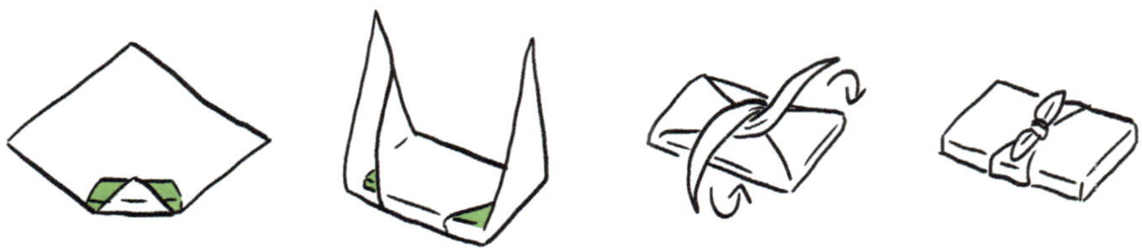

5

6

Ben alors, qu'est-ce qu'il t'arrive ?
Tu te la joues écolo ou quoi ?

Partie 8

Je passe à l'action sur une journée type

Dans cette partie :

- Le matin chez moi
- Au travail et lors de mes pauses
- Après ma journée de travail
- Le soir chez moi ou à l'extérieur

« Ce n'est pas parce que les choses sont difficiles que nous n'osons pas les faire, c'est parce que nous n'osons pas les faire qu'elles sont difficiles. »

Sénèque

C'est le moment d'appliquer à une journée tout ce dont on a parlé dans ce cahier, en essayant de la rendre la plus zéro déchet possible.

Comme nous ne pouvons pas faire de cas par cas ici, je vais partir d'une journée assez « classique » que doivent vivre la plupart d'entre vous. Si votre quotidien ne ressemble pas exactement à ce qu'on nous allons détailler ici, ce n'est pas très grave : il vous suffira de prendre uniquement ce qui vous intéresse et de l'appliquer à votre quotidien.

Il s'agit plutôt d'expliquer concrètement comment se déroule une journée zéro déchet, afin que vous puissiez vous identifier et visualiser une sorte de routine. Ce sont juste des indications, et des repères, ce n'est pas un planning à suivre au pied de la lettre !

LE MATIN CHEZ MOI

Allez, hop ! je me lève avec le sourire et de belles pensées positives en tête. Ça n'a rien à voir avec le zéro déchet en soi, mais ça fait toujours du bien de commencer la journée avec un esprit positif !

Quelques étirements, un peu de yoga ou de méditation... Le zéro déchet est aussi un mode de vie où l'on prend plus de temps pour soi et où l'on prend soin de soi. Quelques minutes suffisent.

Je file sous la douche et tente de la prendre en 3 minutes maximum. Normalement c'est le temps nécessaire à une personne pour se laver correctement, corps et cheveux compris. Je lance mon chrono les premières fois pour évaluer le temps que ça représente. C'est un peu comme un jeu ! Et j'économise de l'eau et de l'argent en plus.

J'utilise mon savon solide pour me laver le corps et mon shampoing, solide ou liquide, acheté en vrac.

Je me sèche et me prépare. Si j'ai besoin de me raser : mon rasoir de sûreté, un savon de barbier ou de Marseille et pourquoi pas un blaireau, et me voilà au top.

Un petit coup d'Oriculi dans les oreilles, une petite crème dans un contenant consigné pour le visage et un coup de déo solide sous les aisselles. Me voilà prêt(e) pour aller m'habiller. Et comme j'ai réussi à me créer une garde-robe où tout me va et me plaît, je m'habille en quelques minutes seulement et n'en passe pas 30 à choisir ma tenue !

Direction le petit déjeuner, et là c'est chacun son kiff :

- thé en vrac dans ma boule de thé, ou café moulu dans ma cafetière à piston ;
- tartine de pain acheté dans mon sac en tissu avec du beurre du fromager mis dans mon contenant ;
- céréales achetées en vrac dans un sac en tissu à l'épicerie ;

- cake ou gâteau fait maison ;
- smoothie aux fruits et/ou légumes, avec épluchures mises au compost ;
- granola fait maison à base d'ingrédients achetés en vrac à l'épicerie.

Les options sont infinies !

Je me brosse les dents avec ma brosse en bois ou ma brosse rechargeable et mon dentifrice solide ou celui que j'ai fait maison.

Je n'oublie pas ma gourde remplie d'eau et mon contenant avec mon déjeuner à l'intérieur si j'en ai besoin, ainsi qu'un petit goûter pourquoi pas (pomme, part de cake fait maison, amandes achetées en vrac...).

J'ai bien 1 ou 2 petits sacs en tissu dans mon sac à main ou à dos, ainsi qu'un sac de courses pliable, au cas où ?

Et si je sors déjeuner ou que je sors ce soir, est-ce que j'ai pensé à mettre dans mon sac une serviette en tissu, des couverts de voyage et une paille en acier ?

Direction le travail avec le moyen de transport le plus écologique et qui me convient le mieux. Et si je prenais un autre moyen de transport aujourd'hui, juste pour tester, ou au moins juste sur une partie du trajet ? Le vélo, la marche, le bus...

AU TRAVAIL ET LORS DE MES PAUSES

Si j'ai terminé ma gourde je vais la re-remplir soit avec l'eau du robinet, soit directement à la bonbonne à eau disponible là où je travaille.

Je travaille... et bim, c'est l'heure de prendre une petite pause ! Je prends mon mug lavable que j'avais laissé dans mon tiroir, et direction la salle de pause. Je me sers de café ou thé directement à la machine dans mon mug au lieu des gobelets en plastique, et bim ça ne loupe pas, Jean-Michmich me taquine : « Ben alors, qu'est-ce qu'il t'arrive ? Tu te la joues écolo ou quoi ? »

Je prends 2 minutes pour expliquer à mon cher collègue ma démarche, sans juger ses préjugés (on en a tous eu un jour...), le tout avec le sourire, sans m'énerver (même si par moments ça nous titille quand même un peu !).

Hop, c'est la pause déj, et là plusieurs options :

- je vais à la cantine et prends ma serviette en tissu avec moi, car je sais qu'on va vouloir me donner une serviette en papier ;
- je vais manger au bar à salade à côté, mais il n'y a que des couverts jetables, alors je prends mes couverts lavables ;
- je mange le déjeuner que je m'étais préparé dans mon contenant, avec mes couverts et ma serviette ;
- je vais me chercher un sandwich à la boulangerie et demande qu'on me le mette dans un de mes petits sacs en tissu.

Selon ma pause déjeuner, je rince sur place mes ustensiles pour éviter de salir mon sac. Je les laverai plus tard chez moi.

Tiens, à 16 h il y a un goûter d'anniversaire organisé par ma collègue. Je prends mon mug et ma serviette et je m'y rends.

De retour à mon poste de travail, je me rends compte que je n'ai rien imprimé de la journée et que ma poubelle de bureau est vide. Petite victoire personnelle, je pars du travail avec le sourire !

APRÈS MA JOURNÉE DE TRAVAIL

C'est l'heure de l'apéro, je vais rejoindre quelques amis pour boire un verre au café du coin. Je commande ma boisson sans paille en plastique et sans touillette et dégaine ma paille en acier lavable pour éviter les déchets.

Avant de rentrer chez moi, je passe faire quelques courses. Comme j'avais avec moi des petits sacs en tissu et mon sac de courses pliable, c'est parfait, je vais pouvoir acheter mes bricoles sans avoir besoin de prendre de sac en plastique jetable.

À la caisse je refuse le ticket et je passe à la boulangerie acheter pour le repas du soir une baguette, que je prends directement à la main ou dans un sac en tissu pour éviter le sac papier.

Si je vais au sport, je remplis ma gourde pour être zéro déchet même en faisant de l'exercice !

Si je vais chercher mon enfant à l'école, à la garderie ou à la crèche et que devant une boulangerie l'envie du pain au chocolat se fait sentir, je dégaine un sac en tissu pour le mettre dedans.

LE SOIR CHEZ MOI OU À L'EXTÉRIEUR

De retour à la maison, c'est le moment de préparer le dîner.

Je prépare mes légumes achetés au marché sans emballage, des féculents achetés en vrac à l'épicerie, des légumineuses achetées en vrac également, ou une omelette avec des œufs achetés dans une boîte à œufs que je réutilise à chaque fois.

Je pense bien à mettre les épluchures au compost.

Un morceau de fromage acheté chez le fromager dans mon contenant et un fruit pour le dessert : je suis calé(e) !

Tiens, j'avais cuisiné une trop grande quantité... Pas de gaspillage, je mets les restes dans un contenant au frais ou au congélateur et je préparerai ça au prochain repas.

Pour la vaisselle, j'utilise une brosse en bois ou une éponge Lufa et un tawashi, ça remplace à merveille l'éponge jaune et verte jetable. Je peux utiliser un savon de Marseille pour faire la vaisselle, au lieu du liquide vaisselle. Si j'utilise mon lave-vaisselle, je privilégie le liquide vaisselle trouvé en vrac ou une recette maison.

Demain soir on va boire l'apéro chez des amis, je vais pouvoir apporter des olives achetées en vrac chez le traiteur, un cake fait maison et une bouteille de vin acheté en vrac ou des bières en verre consigné.

C'est l'heure d'aller me coucher.

Direction la salle de bain pour me démaquiller : un coton lavable et un peu d'huile de coco, le meilleur démaquillant existant ! Je me lave le visage avec mon savon ou un savon de Marseille, une petite crème dans un contenant consigné pour le visage, et je suis paré(e).

Je me brosse les dents avec ma brosse en bois ou ma brosse rechargeable et mon dentifrice solide ou celui que j'ai fait maison.

Et hop, encore une journée où j'aurai réussi à réduire mes déchets au maximum !

Comment je me sens après cette journée d'application ?

Qu'est-ce que j'ai réussi à mettre à place ?

Qu'est-ce que je peux améliorer ?

Depuis que je me suis mise au "zéro déchet", on me dit que j'ai green mine !
I ♥ ZD

Partie 9

Je fais le point

Dans cette partie :

- Comment je me sens ?
- Quels efforts me reste-t-il à faire ?
- L'avis des autres : ça me booste ou ça me bloque ?
- Et si j'allais encore plus loin dans ma démarche écolo ?

« Je n'ai pas envie d'être né pour produire, pour consommer et mourir. C'est une destinée un peu limitée. Je suis né pour vivre, je suis né pour admirer. Si on doit toute une vie besogner pour que les poubelles débordent de déchets, cela n'a aucun sens. »

Pierre Rabhi

COMMENT JE ME SENS ?

Un énorme bravo à vous d'avoir eu le courage et la motivation de changer vos habitudes pour en adopter d'autres, dans le but d'améliorer votre vie et de protéger l'environnement. Comme vous l'avez peut-être remarqué, changer prend du temps, mais c'est le temps nécessaire afin de consolider réellement votre nouvelle vie.

Conseil

Je vous conseille de faire ce test quand vous aurez assez pratiqué votre nouveau mode de vie pour avoir un peu de recul – quelques mois suffiront.

Notez sur une échelle de ① (je ne ressens pas ça du tout) à ⑤ (ah, mais carrément !) les propositions suivantes :

1. J'ai plus de temps à consacrer à d'autres activités, seul(e) ou en famille.

① ② ③ ④ ⑤

2. J'ai la sensation d'avoir un esprit plus léger.

① ② ③ ④ ⑤

3. Je me sens mieux dans ma peau, car je suis enfin acteur/ actrice de ma vie.

① ② ③ ④ ⑤

4. Je vis des hauts et des bas dans mon changement de mode de vie, mais je n'ai pas envie de baisser les bras pour une fois.

① ② ③ ④ ⑤

5. Je me sens plus sociable, comme si j'avais repris le contact avec les autres.

① ② ③ ④ ⑤

6. Je suis moins malade en général : moins de rhume, de toux, je digère mieux…

① ② ③ ④ ⑤

7. J'ai une meilleure hygiène de vie.

① ② ③ ④ ⑤

8. J'ai économisé de l'argent.

① ② ③ ④ ⑤

9. Je trouve que ma vie est plus facile.

① ② ③ ④ ⑤

10. Je trouve que je me suis reconnecté(e) avec l'essentiel et les choses simples de la vie.

① ② ③ ④ ⑤

11. Je me sens plus heureux(se).

① ② ③ ④ ⑤

12. Je mange mieux, car je cuisine un peu plus de produits frais.

① ② ③ ④ ⑤

13. Je me suis redécouvert(e). Je me sens comme une nouvelle personne, car je ne m'imaginais pas capable de ça.

① ② ③ ④ ⑤

14. J'ai une vie plus saine et écologique.

① ② ③ ④ ⑤

15. J'ai plus confiance en moi.

① ② ③ ④ ⑤

Qu'est-ce qu'il ressort de ce test ? Et qu'est-ce que cela m'inspire ?

Je note ici mes 3 principaux changements inattendus à garder en tête

1 –

2 –

3 –

QUELS EFFORTS ME RESTE-T-IL À FAIRE ?

À moins que vous ne soyez surhumain(e), vous n'avez pas eu le temps, même au bout de quelques mois, de changer radicalement et d'adopter toutes ces nouvelles habitudes de vie ! Faisons un debrief après quelques mois de mise en place sur les points principaux, afin de voir où il vous reste des efforts à fournir !

DANS LA CUISINE

- ☐ Je fais mes courses sans emballage à usage unique.
- ☐ J'ai les objets et ustensiles nécessaires pour faire mes courses et conserver les aliments en mode zéro déchet.
- ☐ Je bois de l'eau du robinet, filtrée ou non.
- ☐ Je limite le gaspillage alimentaire et accommode mes restes.
- ☐ Je composte.
- ☐ J'utilise des produits d'entretien simples, sains et faits maison.
- ☐ Je recycle ce que je n'ai pas pu trouver sans emballage.

DANS LA SALLE DE BAIN

- ☐ J'utilise des produits d'hygiène et de beauté sains, durables, sans emballage à usage unique.
- ☐ Je fais attention à la composition des produits que je consomme.
- ☐ Je fais quelques produits d'hygiène et de beauté maison.
- ☐ J'ai les objets et ustensiles nécessaires pour avoir une salle de bain zéro déchet.

DANS LE RESTE DE LA MAISON

- ☐ J'ai fait un grand tri me permettant de ne garder que mes essentiels durables et non le superflu périssable.
- ☐ Je donne, troque ou vends en seconde main avant de jeter.
- ☐ Je loue, emprunte ou achète en seconde main avant d'acheter du neuf.
- ☐ J'utilise la récup avant d'acheter.
- ☐ J'ai une garde-robe durable.
- ☐ J'essaye d'appliquer le zéro déchet à ce qui concerne mes enfants.
- ☐ J'applique le zéro déchet pour mes animaux de compagnie.
- ☐ J'ai fait un *e-cleaning* sur mon ordinateur.
- ☐ J'ai installé un « stop pub » sur ma boîte aux lettres.

À L'EXTÉRIEUR DE CHEZ MOI

- ☐ J'ai mis des ustensiles zéro déchet dans mon sac.
- ☐ Je tente de me déplacer plus écologiquement au quotidien.
- ☐ J'applique le zéro déchet au bureau.
- ☐ Je voyage en mode zéro déchet.
- ☐ Je jardine écologiquement.
- ☐ Je gère les occasions festives en mode zéro déchet.

L'AVIS DES AUTRES : ÇA ME BOOSTE OU ÇA ME BLOQUE ?

Malheureusement, même quand on ne leur demande pas leur avis, on le reçoit quand même ! Généralement c'est plutôt bienveillant, les gens sont curieux, cherchent à comprendre pourquoi on se lance dans ces changements. Ils posent des questions, parfois un peu maladroites, mais jamais méchantes.

Mais vous avez dû le constater, certains vous ont sûrement fait des remarques un peu plus incisives, voire très critiques, depuis que vous avez mis en place vos nouvelles habitudes. Et je vais vous révéler un secret : c'est une réaction normale de la part de ces personnes-là.

Face à vos changements d'habitudes, qui sont pour le coup très positives pour vous et la planète, certains ont la sensation, en vous voyant faire ou parler, que vous leur dites : « Je suis mieux que toi, je fais les choses mieux que toi, et toi tu es nul(le) ». On le sait bien, ce n'est pas du tout ce que vous voulez transmettre comme message et vous n'êtes pas là pour juger leur vie !

Il s'agit en fait d'une réaction de survie et d'incompréhension face à une peur du changement. Les gens réagissant violemment ont l'impression que vous leur imposez un changement qu'ils ne sont pas prêts à comprendre ou à vivre.

Souvent en début de transition, de telles remarques peuvent être très démotivantes et vous donner envie de baisser les bras. Ne vous découragez pas !

Conseil

Voici quelques tuyaux pour réagir face à ces attitudes qui peuvent décourager :

- Ne parlez pas des changements que vous êtes en train de mettre en place avant d'avoir trouvé votre routine : vous verrez qu'ainsi personne ne remarquera que vous avez changé vos habitudes et ne pourra essayer de vous décourager tant que vous ne serez pas prêt(e).
- N'essayez pas de convaincre les autres de faire comme vous : le changement que vous êtes en train d'établir fait suite à une réflexion intérieure personnelle qui vous a peut-être pris des mois, vous ne pouvez donc pas espérer que le simple fait d'en parler à vos proches va les rendre prêts à changer en 5 minutes.
- Ne vous énervez pas face aux remarques désobligeantes ou aux agissements pas du tout zéro déchet : vous ne ferez que renvoyer l'image que ce mode de vie rend aigri et agressif.
- Souvenez-vous pourquoi vous faites ça : ce n'est sûrement pas pour plaire aux autres et recevoir leur approbation, vous auriez choisi des pratiques moins innovantes pour vous fondre dans la masse !

Face aux remarques déplaisantes et qui reviennent en boucle, préparez-vous des phrases types :

- « Tu crois vraiment que tu vas changer le monde en faisant ça ? »

  « À moi tout(e) seul(e) non, mais c'est l'action commune qui provoque le changement. Je vois déjà des changements à mon échelle et ça me conforte dans l'idée que j'ai fait le bon choix. »
- « C'est vraiment un truc de bobo à la mode. Fais gaffe, tu vas devenir une hippie crado. »

  « Je ne pense pas que vouloir améliorer l'état actuel des choses soit une mode, sinon on ne mettrait pas en place depuis plus de 15 ans des actions écologiques. De même, il n'y a pas une catégorie qui pratique le zéro déchet. Si tu regardes bien, toutes les catégories socioprofessionnelles sont représentées. Il y a des bobos, des ouvriers, des cadres sup... »
- « C'est pas à nous de changer, c'est à l'État d'agir ! »

« Malheureusement ça ne fonctionne pas comme ça, et tu le sais. C'est toujours l'action d'un petit groupe d'individus qui a provoqué les changements, les révolutions. Le zéro déchet permet de reprendre le pouvoir sur ta façon de consommer et de mettre ton argent là où tu en as envie. Voter avec son porte-monnaie, voilà ce qui fait bouger les choses. »

- « Ahahah, on va voir combien de temps tu tiens ! »

  « Ahahahah, oui effectivement on va voir et tu vas être surpris(e) ! D'ailleurs on va surtout voir combien de temps toi, tu tiens avant de finir par te laisser convaincre que le zéro déchet est la solution... ! »

- « De toute façon c'est ridicule ton truc, car tu n'es pas extrême dans ta démarche. Pour être un(e) vrai(e), tu devrais manger des racines. »

  « Je ne sais pas si tu le sais, mais l'extrémisme n'amène rien de bon dans la vie et l'histoire nous l'a prouvé. Je ne veux surtout pas être parfait(e), je veux plutôt trouver un équilibre qui me rende heureux(se). Le zéro déchet, ce n'est pas retourner vivre dans une hutte dans la forêt, c'est faire preuve de bon sens appliqué à une vie moderne. »

- « Moi, ça ne me tente pas du tout ton truc ! »

  « Mais pas de souci, je ne suis pas là pour te forcer à faire ce que je fais, tu es libre de mener ta vie comme il te plaît ».

- « C'est une truc de femme/homme au foyer, qui n'a que ça à faire ! »

  « Premièrement une personne au foyer n'a pas "que ça à faire", ce sont des gens avec autant de responsabilités et de travail que toi. Deuxièmement, en ce qui me concerne, j'ai un travail à plein temps et une famille à gérer, et j'y arrive. Tout simplement parce que ça me facilite la vie. »

ET SI J'ALLAIS ENCORE PLUS LOIN DANS MA DÉMARCHE ÉCOLO ?

Ne plus rien acheter de neuf

À la suite du défi lancé par Zero Waste France début 2018, ils sont déjà plusieurs milliers de Français à s'être engagés à ne plus rien acheter de neuf durant 1 an. Avant la création de ce groupe, beaucoup de Français avaient déjà pris le chemin de la consommation 100 % en seconde main pour des raisons écologiques. Référez-vous aux parties 3 et 6 pour vous aider à trouver des solutions anti-neuf.

Végétarisme / végétalisme

Le débat est toujours un peu houleux quand on commence à parler d'arrêter de consommer de la viande ou des produits animaliers. C'est pour ça que je ne vais pas m'attarder sur le sujet, car il y a énormément de documentaires qui pourront vous guider sur le sujet (*Cowspiracy* est un des meilleurs).

Mais juste pour votre information, la production de viande consomme énormément d'eau (1 steak = l'équivalent en eau de 2 mois de douche), en plus de polluer les sols, générer des déchets et produire un max de CO_2 lors des transports. Donc, dans une démarche zéro déchet et écologique, réduire sa consommation de viande ou passer au végétarisme/végétalisme est une bonne idée !

Maison autosuffisante et autonome

De nombreuses maisons en France sont désormais équipées pour être autosuffisantes en énergie mais également en nourriture.

Elles produisent elles-mêmes la totalité de l'énergie dont elles ont besoin et gèrent l'eau qu'elles utilisent. Et tout ça grâce à des panneaux solaires, des chauffe-eaux solaires, une isolation épaisse, des murs végétaux, des éoliennes, une récupération et un traitement des eaux de pluie...

Il est possible également de devenir presque autosuffisant en nourriture grâce à son potager ! Quelques poules permettent aussi d'avoir des œufs frais et vous pouvez leur donner les déchets alimentaires à grignoter, puisqu'elles en raffolent !

Tiny House

Lancé aux États-Unis à la suite de l'ouragan Katrina quand il a fallu reloger rapidement des milliers de personnes, ce mouvement de la « petite maison » a pris de l'ampleur au moment de la crise de 2008.

Ces petites maisons (entre 15 et 30 m^2), ultra-bien pensées, sont modulables et transportables, car elles sont montées sur roues. Elles sont écologiques, car elles consomment très peu d'énergie et d'eau.

De plus, ces habitations permettent d'accéder à la propriété sans avoir recours à un prêt bancaire, les prix allant de 15 000 à 30 000 €.

De nos jours ceux qui achètent une Tiny House n'ont pas forcément des petits budgets, ce sont aussi des personnes qui ont volontairement fait le choix de la simplicité.

Changer de fournisseur d'énergie

Pourquoi continuer de passer par des fournisseurs historiques faisant appel à de l'énergie non renouvelable et non durable, quand pour le même tarif (+ ou – 10 %) on peut avoir de l'énergie verte chez soi ?

C'est ce que propose Enercoop, un réseau de coopératives régionales fournissant de l'énergie renouvelable locale et payée au juste prix aux producteurs : hydraulique, éolien, photovoltaïque, biomasse. Même pas la peine de faire intervenir un technicien, en quelques clics le changement peut être fait directement sur le site Internet : *www.enercoop.fr*

Supprimer l'huile de palme

L'huile de palme est présente dans 3 secteurs : alimentaire (80 %), cosmétologique (19 %) et énergétique (1 %). Elle se trouve dans les aliments transformés de l'agro-alimentation, qui remplissent les rayons de nos supermarchés : les chips, les soupes lyophilisées, les pâtes à tartiner, les biscuits, le lait pour bébé, les sardines en boîte, la mayonnaise, les céréales, le chocolat, le fromage râpé, les pâtes à tarte, les plats préparés, etc. En 2013, chaque Français a consommé en moyenne 2,8 g d'huile de palme par jour dans son alimentation.

La production de l'huile de palme entraîne une déforestation intensive des régions tropicales, surtout en Asie du Sud-Est, qui provoque un cauchemar écologique et la destruction des habitats naturels de l'orang-outan.

Essayez autant que possible de vous en passer ou optez pour de l'huile de palme certifiée durable même si ce n'est pas la panacée !

Ralentir

Bon pour la santé et la planète, la *slow* attitude est une nouvelle vision de la vie, qui prône d'aller moins vite pour faire mieux. Ça a commencé avec le *slow food* en Italie en opposition aux fast-foods, et désormais on parle de « slow » pour plein d'aspects de la vie quotidienne.

La lenteur fait goûter les choses autrement, on déguste au lieu d'engloutir, les paysages se contemplent au lieu d'être survolés. L'empreinte carbone de mets locaux et faits maison sera toujours bien inférieure au moindre plat surgelé, aussi bio et équitable soit-il.

La lenteur a le mérite de nous reconnecter, de nous remetrre à notre juste place et d'épargner un peu la planète.

Suffit juste de mettre la main à la pâte !
La vie en vrac

Partie 10

La partie des Dix

Dans cette partie :

- 10 choses toutes simples à mettre en place de suite
- 10 bonnes adresses où faire des achats zéro déchet
- 10 objets zéro déchet à avoir
- 10 questions à se poser pour savoir si un objet est zéro déchet
- 10 livres ou documentaires pour compléter cette lecture

« La grandeur des actions humaines se mesure à l'inspiration qui les fait naître. »

Louis Pasteur

10 CHOSES TOUTES SIMPLES À METTRE EN PLACE DE SUITE

1. Arrêter de consommer de l'eau en bouteille plastique.
2. Refuser les sacs plastique et avoir sur soi un petit sac de courses pliable.
3. Utiliser un savon pour se laver le corps et un shampoing solide pour les cheveux.
4. Accommoder ses restes alimentaires.
5. Privilégier l'achat en seconde main ou la récupération.
6. Arrêter d'utiliser des couverts et pailles en plastique, des serviettes en papier jetables.
7. Utiliser des mouchoirs en tissu.
8. Mettre un « stop pub » sur la boîte aux lettres. Votre mairie vous en donnera sûrement un gratuitement sinon vous pouvez l'imprimer grâce à ce lien : *https://www.ecologique-solidaire.gouv.fr/stop-pub*.
9. Acheter des fruits et légumes de saison, si possible locaux et bio.
10. Réduire sa consommation de viande rouge.

10 BONNES ADRESSES OÙ FAIRE DES ACHATS ZÉRO DÉCHET EN FRANCE

1. Le réseau d'épiceries en vrac Day by Day (*www.daybyday-shop.com*).
2. Le réseau d'épiceries en vrac indépendantes (*www.reseauvrac.org*).
3. Le réseau des magasins bio Biocoop (*www.biocoop.fr*).
4. Abracadavrac (Paris et Lyon) et ConsoVrac : application pour trouver ce que vous cherchez en vrac ou trouver un magasin proposant du vrac près de chez vous.
5. Too Good To Go : application pour lutter contre le gaspillage alimentaire et acheter des repas de restaurateurs/traiteurs/boulangeries qui risquent de partir à la poubelle en fin de journée, le tout à des prix dérisoires.
6. Sans Bpa (*www.sans-bpa.com*) : *e-shop* pour vous fournir en ustensiles zéro déchet.
7. Growing Paper (*www.growingpaper.fr*) : pour acheter du papier ensemencé et se faire des cartes de visite ou faire-part à planter.
8. Hakuna Taka (*www.boutiquezerodechet.com*) : *e-shop* proposant divers objets du quotidien zéro déchet.

9. Dreamact (*www.dreamactshop.eu/fr*) : *e-shop* pour consommer de façon durable et responsable chaque jour.
10. La Maison du Zéro Déchet (3, rue Charles-Nodier, 75018 Paris) : si vous êtes de passage à Paris, ne loupez pas cette institution du zéro déchet !

10 OBJETS ZÉRO DÉCHET À AVOIR

1. Un panier, chariot ou sac de courses réutilisable.
2. Des petits sacs en tissu (sac à vrac) pour faire vos emplettes.
3. Des bocaux en verre.
4. Des mouchoirs en tissu.
5. Une gourde.
6. Des contenants en verre ou en acier.
7. Un Oriculi.
8. Un savon et un shampoing solides.
9. Une brosse à dents durable ou compostable.
10. Une brosse en bois, un tawashi ou une éponge Lufa pour la vaisselle et le ménage.

10 QUESTIONS À SE POSER POUR SAVOIR SI UN OBJET EST ZÉRO DÉCHET

Plus vous répondrez oui aux questions suivantes, plus l'objet est zéro déchet.

1. Est-il sans emballage à usage unique ?
2. Est-il de confection durable ?
3. Est-il produit localement ou de manière éthique et responsable ?
4. Est-il de seconde main ?
5. En ai-je réellement besoin ?
6. Est-il recyclable ou compostable ?
7. Est-il réutilisable ou réparable ?
8. Me plaît-il vraiment, correspond-il à mon changement de vie ?
9. Est-il issu de l'agriculture bio ou possède-t-il un label bio ?
10. Est-ce que ça me rendra heureux(se) de le posséder ou de le consommer ?

10 LIVRES OU DOCUMENTAIRES POUR COMPLÉTER CETTE LECTURE

1. *Famille (presque) zéro déchet* et *Les zenfants (presque) zéro déchet*, Jérémy Pichon et Bénédicte Moret, Éditions Thierry Souccar, 2016.
2. *Les épluchures : tout ce que vous pouvez en faire*, Marie Cochard, Éditions Eyrolles, 2016.
3. *Le guide écofrugal*, Philippe Levêque, Éditions Marabout, 2015.
4. *Zéro déchet*, Béa Johnson, Éditions Les Arènes, 2013.
5. *Le zéro déchet : mode d'emploi*, Stéphane Araud-Laporte, Éditions Marabout, 2017.
6. *Créations zéro déchet*, Camille Binet-Dézert, Éditions Mango Green, 2017.
7. *Zéro plastique zéro toxique*, Aline Gubri, Éditions Thierry Souccar, 2017.
8. *No Impact Man*, Colin Beavan, Éditions 10/18, 2009.
9. *Vers la sobriété heureuse*, Pierre Rabhi, Éditions Actes Sud, 2013.
10. *Demain*, Cyril Dion, Éditions Actes Sud, 2015.

Mon calendrier zéro déchet annuel

Janvier	Février	Mars
Avril	Mai	Juin
Juillet	Août	Septembre
Octobre	Novembre	Décembre

Suivi du poids de mes poubelles d'ordures ménagères

Janvier

.... kg
.... kg
.... kg
.... kg
.... kg
.... kg

Février

.... kg
.... kg
.... kg
.... kg
.... kg
.... kg

Mars

.... kg
.... kg
.... kg
.... kg
.... kg
.... kg

Avril

.... kg
.... kg
.... kg
.... kg
.... kg
.... kg

Mai

.... kg
.... kg
.... kg
.... kg
.... kg
.... kg

Juin

.... kg
.... kg
.... kg
.... kg
.... kg
.... kg

Juillet

.... kg
.... kg
.... kg
.... kg
.... kg
.... kg

Août

.... kg
.... kg
.... kg
.... kg
.... kg
.... kg

Septembre

.... kg
.... kg
.... kg
.... kg
.... kg
.... kg

Octobre

.... kg
.... kg
.... kg
.... kg
.... kg
.... kg

Novembre

.... kg
.... kg
.... kg
.... kg
.... kg
.... kg

Décembre

.... kg
.... kg
.... kg
.... kg
.... kg
.... kg